新东方 XDF.CN

MW01688461

IELTS

雅思听力场景考点词汇

毕绪强 编著

浙江教育出版社·杭州

图书在版编目(CIP)数据

雅思听力场景考点词汇 / 毕绪强编著. —杭州：浙江教育出版社，2016.8

ISBN 978-7-5536-3731-0

Ⅰ.①雅… Ⅱ.①毕… Ⅲ.①IELTS—词汇—自学参考资料 Ⅳ.①H313

中国版本图书馆CIP数据核字（2015）第222785号

雅思听力场景考点词汇

YASI TINGLICHANGJING KAODIANCIHUI

编　　著　毕绪强
责任编辑　孔令宇
美术编辑　韩　波
封面设计　大愚设计
责任校对　刘文芳
责任印务　时小娟

出版发行　浙江教育出版社
（杭州市天目山路40号　　邮编：310013）
印　　刷　北京慧美印刷有限公司
开　　本　880mm×1230mm　1/32
成品尺寸　145mm×210mm
印　　张　5.75
字　　数　91 000
版　　次　2016年8月第1版
印　　次　2016年8月第1次印刷
标准书号　ISBN 978-7-5536-3731-0
定　　价　21.80元
联系电话　0571 - 85170300 - 80928
电子邮箱　dywh@xdf.cn
网　　址　www.zjeph.com

版权所有 · 侵权必究

如有缺页、倒页、脱页等印装质量问题，请拨打服务热线：010-62605166。

前 言

雅思听力部分一直是中国雅思考生的“软肋”。最大的问题在于考生们并不真正知道雅思听力考的究竟是什么。雅思听力测试对考生的语言、生活常识及文化等各个方面的英语水平进行全方位的考查。

雅思考试是一种非常贴近现实生活和实际教学情境的英语语言能力测试。考生要想在这个高水平考试中取得“高分”，必然要遵照一定的“备考”原则，循序渐进地提高实战能力。本书旨在让考生在短时间内迅速吸收新东方雅思名师在教学实践中的经验总结，实现缩短备考阶段、提高备考效率，进而在雅思考试中取得高分的目标。希望这本《雅思听力场景考点词汇》能够成为考生在备考雅思道路上的得力助手。

本书的编写思路在于帮助考生掌握雅思听力高频常考场景的考点词汇。本书将场景按照考点进行了细分，把词汇分门别类，并兼顾到考点相关重点词汇，收词全面。这种编排方式符合大脑的记忆规律，能够增强记忆效果，使考生备考雅思听力的努力起到事半功倍的效果。

考生在备考雅思听力的过程中所面临的最大问题是：平时在学校里或生活中所学习或接触的内容甚少涉及英语国家的生活、人文和教育等方面，自己的知识储备与雅思听力测试的考查内容交集甚小。此种情况导致了这样的结果：雅思考试所考查的是考生没有学过的与英语国家的文化背景紧密关联的知识，考生遇到这样的考查内容时往往束手无策。在这种情况下，将场景考点结合文化解析进行分类总结就显得大有裨益。考生通过书中呈现的文化和考试点滴，能够以循序渐进的方式对英语国家的学校生活、教育方式、社会人文等方面有一个全面而又客观的了解，寓学于乐。同时又能以最高效的方式掌握雅思听力的考点词汇。

本书内容在编排上有一个突出优势，即按照“考试频率”排序。从“常考场景”到“考点细分”再到收录的单词全部以雅思语料库为基础按照在考试中出现的频率来排序。这样考生在备考的过程中能够区分主次，有所侧重，最大限度地提高自己的备考效率。第一部分的“租房场景”即是雅思听力测试的第一高频常考场景。这个场景成为第一高频常考场景也是基于一个很现实的问题：通过雅思考试的考生来到国外的第一天首先面临的就是“住”的问题。由此可以看出雅思考试是非常贴近现实生活的。本书在编排上还有一个特色，即在每个词条右侧都列出其首字母，供考生进行自我检测，看是否能将这个词条准确地拼写出来。

要想在雅思听力测试中取得高分，熟记重点考点词汇是关键。在此基础上，进一步掌握听力测试中定位词、答案与听力原文的语言配合方式，在雅思考试中取得高分也就成为自然而然的事情了。做听力题时，要找出题目题干中的核心定位词，将其标注出来；而答案的表现则有可视和非可视两种：可视的为单选题、多选题、搭配题；不可视的则为填空题、填表题、简短回答题、摘要题等。因此，雅思听力原文中的语言就与题目和答案有替换转述的关系，相关词汇总结详见本书附录。下面是定位词、答案与听力原文语言配合的方式总结，供雅思考生参考：

(1)雅思听力测试会考查核心词的定位，核心定位词在雅思考试中的表现为(按由易到难排列)：

A. 直接听到核心定位词，接着听到正确答案

B. 听到部分核心定位词，另一部分用其他语言进行替换转述

C. 题目中核心定位词完全听不到；全部使用同义词或近义词进行替换转述，使答案出现提示点变得具有隐蔽性(雅思听力的难点在于听力录音与试卷题目用不同的语言表达相同的意思，听到的内容和读到的题目用不同的语言来表达。考生要想考到7分以上，必须对语言替换转述有很好的理解和掌握，因为这是题目的难点所在。)

D. 提示定位词出现位置与正确答案出现点倒置：答案先出现，然后才出现核心定位词

E. 在录音中听到核心定位词后，并没有紧接着就听到正确答案的表述，而是会出现较难听懂的语句做定位词与答案之间的“夹层”，导致考生以为自己没听懂而难以把握住在“夹层”后出现的正确答案

F. 在核心定位词后，先出现听起来很像正确答案的干扰错误选项，然后才出现正确答案，使整体难度加大

(2)正确答案在雅思听力测试中的表现形式:

A. 紧跟在核心定位词后出现简单清楚的正确答案

B. 定位词和答案倒置，或在定位词与答案之间插入考生难以听懂的语言描述(上文已提到)

C. 拼写涉及大小写、单复数、过去分词等问题

D. 答案内容属于偏难词（对大部分中国考生而言）；专业考点需要考生提前准备和背诵

E. 听到多个正确答案，考生挑选出最简单的一个即可

F. 录音中可以听到描述正确答案的句子，但没有出现明确的答案，需要考生将其概括简化到规定的字数内

G. 正确答案用其他语言进行了替换转述(主要表现在答案可视型题目中)

现在，就让我们一起开启这段高效记忆雅思听力考点词汇的旅程吧，希望大家都能在这段旅程中有丰厚的收获!

目　录

第一高频常考场景　租房 Accommodation

第二高频常考场景　旅游
Extra-Curricular Activities

第三高频常考场景　看医生/健康场景 Medical Information

第四高频常考场景　事件安排与协调 Administration Information

第五高频常考场景 校园生活之图书馆场景 Campus Library

第六高频常考场景 校园生活之课业及活动场景 Academic Studies and Extra-Curricular Activities

第七高频常考场景　校园生活之银行服务 Banking Services on Campus

第八高频常考场景　校园生活之校园讲座、讲课
Academic Lectures

第九高频常考场景 方向地图题 Directions and Maps

第十高频常考场景 外貌及特征 Appearances and Features

第十一高频常考场景 其他 Additional Information

第一高频常考场景　租房 Accommodation

场景细分

1	租房的咨询	学生和租房代理之间的对话
2	房屋的提供	房东和租房代理之间的对话
3	租房的协调	学生和房东协调细节的对话
4	房屋的维修	学生和房东或修理人的对话
5	房屋的装修	学生和同住学生之间的对话
6	搬家	学生和租房代理之间的对话
7	房屋的保险	学生和保险代理之间的对话

场景文化解析

雅思听力测试第一部分出现频率最高的就是租房场景了。无论是在雅思考试的“机经”中，还是在剑桥大学出版社出版的“剑桥雅思考试全真试题集”中，租房场景都是考试中出现得最频繁、考点最广泛的一个场景，在Section 1以及Section 2中都会出现。在一个Section中，总会出现一些难题，其约占该部分所有题目的30%。难题的难度在一定程度上是由国内外的学习内容和考试内容在语言、语料、文化上的“差异”造成的。雅思考试出题是极为“科学和正常”的。试题中出现的往往是很多“平常但不正常”的高频考点。说其“平常”是因为在国外的生活中每天都会遇到，说其“不正常”是因为在我们国内的课本上和生活中这些“考试内容”往往很不常见。租房场景是雅思听力测试中的第一高频常考场景。请熟记以下词汇，当考试中遇到租房场景时，看到考题就知道了要考的词汇范围，因为考生已将此场景涉及的词汇“难点、常考点”全部记诵过，唯一需要做的就是验证这次考的是其中哪个词，写出答案即可。

高频考点1 租房类型及学生住宿方式
Types of House Renting and Accommodation

考试特点

种类繁多的住宿方式是租房场景必考的要点，同时也是难点；因为针对这一个考点，考生经常会在听力原文中同时听到好几个貌似正确的答案，而正确的答案则只有一个。考生需要对其有充分的准备，这样才会有比较好的听力反应力和答案判断力。这种"一个考点"，语言配合"多个可能答案(其中多数是干扰答案)"的考题，主要考查考生的听力反应力和对细节的把握能力，同时也全面考查了考生对"常识性"词汇的掌握程度。

考点细分(1) 校内住宿 On-Campus Accommodation

accommodation	住房，住宿	a
students' accommodation	学生的住所	s
dormitory	学生宿舍	d
student dorm	学生宿舍	s
student apartment	学生公寓	s
studio apartment	一套小型公寓房间	s
student flat	学生公寓	s
student residence	学生宿舍	s
student house	学生公寓	s

文化点滴

雅思听力测试经常会出现"校内住宿方式"这个考点。新生对西方国家的交通不熟悉，也不能很快适应当地的生活方式，所以留学生在第一年一般会考虑住在学校提供的学生公寓，虽然有点贵，但的确给新生带

来很多便利。第二年，学校会将学生放入“real world”（真实的世界），学生被“kick out into the society”后就要练就一身在社会中生存的语言本领了。雅思听力测试中与之相对应的就是有关校外租房场景的考点。

考点细分（2）校外住宿 Off-Campus Accommodation

student house	学生专用的房子	s
family house	家庭寄宿式的房子	f
family-stay	家庭寄宿式	f
host family	寄宿家庭	h
home-stay	家庭寄宿式	h
shared house	合用合租的房子	s
the whole house	整房出租的房子	t
part of house	（只出租）一部分的房子	p
the rest of the house	房子的其他部分	t
two bed-roomed house	有两间卧室的房子	t
single-roomed flat	单间公寓	s

考试点滴

“校外住宿”考点的设置一般是基于以下几点：1. 校内学生公寓、宿舍数量有限，为了给大一新生腾地方住，留学生从大二开始就得到校外租房住了。租房方式有合租、单租、寄宿到当地人家里等。2. 留学的目的之一是成为能自如地运用该国语言并能感知当地文化的专业人士。在西方社会及西方家庭的独立生活，不仅能帮助留学生具备出色的语言能力，还有助于留学生更深刻地了解西方国家的生活方式和文化习俗，而且也能享受到自由度较高的海外生活。

考点细分(3) 临时短期租住 Short-Term Accommodation

hostel	旅舍，招待所	h
youth hostel	青年旅舍	y
student hostel	学生宿舍	s
hotel	旅馆	h
motel	汽车旅馆	m
inn	小旅馆	i

文化点滴

留学生活相当丰富多彩，学生在课余经常外出旅游，参加学校或地方旅行社组织的各种活动。在外住宿也就成了留学生关注的一个问题，同时也是雅思听力测试考查的要点。学生有时会考虑入住青年旅舍，因为价格很便宜，而且各国各地都有，适合需要“短期临时”+“长途多地点”+“经济实惠”的住所的人士，但美中不足的是住宿条件一般，而且经常会与“stranger”(陌生人)同住一个房间。

考点细分(4) 长期租住 Long-Term Accommodation

house	(独栋且带花园的)房子	h
house with garden	有花园的房子	h
house with garage	有车库的房子	h
two-story house	两层的房子	t
two-floor house	两层的房子	t
house within walking distance	步行距离不远的房子	h
house with nice views	能看到美景的房子	h
well-furnished house	家具齐全的房子	w
partially-furnished house	配备部分家具的房子	p
unfurnished house	无家具的房子	u
empty house	暂时无人租住的房子	e
vacant house	暂时无人租住的房子	v

考试点滴

西方国家的大学大多都位于城市近郊，学校附近很多家庭住的是联排的二、三层小别墅式的房子。他们很欢迎留学生去租住：一方面是因为自己住不了，另一方面租给学生可以增加收入；而且有些老人在孩子长大离家后也很喜欢有留学生的陪伴。就这点，雅思考试中出现过如下句子："some lovely retired women living alone, who just love the company of the students"。在西方人家里租住，安全和吃饭问题都能得到保障，更重要的是留学生长期处在西方人的生活起居文化中，能深切体验并感知西方文化，对实现留学目标之一——成为所留学国家的文化专才和交流专家——有莫大的帮助。

flat	〈英〉公寓	f
apartment	〈美〉公寓	a
shared apartment	〈美〉合租的公寓	s
studio apartment	一套小型公寓房间	s
deluxe apartment	豪华住所	d
bed-sit	起居室兼卧室的"标间式住所"	b

文化点滴

在市中心租住的房子多数为公寓式的，楼下会有"7-Eleven"，"Woolworths"这样的超市，生活极其方便。这些超市一般 open 24 hours(= open on the clock)，并且"open seven days a week"(每周7天都开放)，不像很多社区型小店(一般只营业5天，营业时间为上午10点到下午4点或5点)。

single room	单人间	s
double room	双人间	d
twin room	双人间	t
triple room	三人间	t
residence	住所	r
hall of residence	学校公寓	h
quarter	住所，宿舍	q
private quarter	私家住所	p
property	房产	p
community	社区	c
residential community	居住小区	r
landlord	房东	l
tenant	房客	t

高频考点2　房间
Interior Description

考点细分(1) 客厅 Lounge Rooms

living room	起居室，客厅	l
sitting room	起居室，客厅	s
lobby	大厅	b
foyer	前厅，门厅	f
hall	大厅，走廊	h

考试点滴

表"厅"的单词lobby，foyer和hall不仅会在租房场景中出现，在一些旅游场景中的有关建筑的考题中也是经常出现。有时会是直接考点，即使不直接考查，也会作为表示方位的词汇出现在听力原文中。

考点细分(2) 廊 Corridors

platform	站台	p
balcony	阳台	b
porch	门廊	p
corridor	走廊	c
aisle	过道，通道	a

考试点滴

像balcony，corridor这样的词汇，在校园的宿舍、图书馆等场景中也会出现。即使不是考点词汇，也会像“厅”这个考点一样，在听力原文中作为地点方位词出现，这是要求考生既能听懂又会拼写的词汇。

考点细分(3) 卧室 Bedrooms

furnished	配备家具的	f
unfurnished	无家具的	u
partially furnished	有部分家具的	p

考试点滴

房间类型是决定“房屋价格”的因素之一，雅思听力测试会将其作为“租住要求”的要点，在听力中经常作为填空答案来考查，考生要会拼写。有的留学生自己的物品很少，只有衣服和书籍等生活、学习必需品，自然喜欢租住家具及厨具配备齐全的房子；而有的留学生喜欢用自己的家居用品，因此倾向于租住只配备部分家具或无家具的房子。当然在这种情况下，每次搬家都需要花费大量的人力、物力和财力。

host room	主卧房	h
bedroom	卧室	b
guest room	客房	g

two-bed-roomed house	有两间卧室的房子	t
single room	单人间	s
twin room	双人间	t
double room	双人间	d
triple room	三人间	t
shared room	合住的房间	s
study room	书房	s
self-study room	自习室	s
self-access room	自习室	s
game room	娱乐室	g
basement	地下室	b

考点细分（4）厨卫 Kitchens and Bathrooms

kitchen	厨房	k
shared kitchen	共用厨房	s

考试点滴

在租房场景中，学生租户共租共用的不只限于厨房，还会涉及共用卫生间（shared bathroom），共用客厅（shared living room），共用花园（shared garden），共用冰箱（shared refrigerator）或其他生活设施（other house appliances）。

bathroom	洗手间	b
shared bathroom	共用浴室	s
lavatory	洗手间	l
restroom	洗手间	r
toilet	洗手间	t
Man's Room	男洗手间	M
Ladies' Room	女洗手间	L

Washroom	洗手间	W
Washing Room	洗手间	W

考点细分(5) 非家庭居住类房间(校园、旅游场景)
On-Campus Living and Other Public Accommodation

common room	公共休息室	c
faculty lounge	教职员工休息室	f
staff room	教职员工休息室	s
handicapped	残障人士(专用的)	h
disabled	残障人士(专用的)	d
physically challenged	残障人士(专用的)	p

考试点滴

西方社会非常重视对弱势群体的保护和关爱，学校和社会公共场所中残障人士专用的设施是常考的要点。不只是雅思考试，托福考试也将其作为核心考点来考查。不一定每次都是考试答案，也许只是作为文化点出现在听力原文中，如：公交车上会有残疾人专用椅、专属轮椅区及其他服务设施——方便那些身体有残疾的人上车；在校园里有残疾人专用道；考试时还会有残疾人专用考场(在考试时间等方面会有比较人性化的特殊安排)。

large room	大房间	l
lockers	更衣室，储物间	l
cloakroom	衣帽间，(英婉)厕所	c
fitting room	更衣室	f
clothing room	更衣室	c

考试点滴

在校园运动设施场景或图书馆场景，以及有关旅游景点的介绍中，经常会出现lockers(储物间)这个单词，而fitting room(更衣室、存放物品处)给学生或游人提供方便，也是雅思听力测试的常考点。

bed-sit	起居兼卧室的标准间	b
shared room	合住房间	s
game room	娱乐室	g
rooms with ocean view	海景房	r
entrance hall	门厅	e
lobby	门厅	l
foyer	前厅，门厅	f
hall	大厅	h
porch	门廊	p
balcony	阳台	b
platform	站台	p
corridor	走廊	c

考点细分(6) 相关配备设施 Facilities and Equipment

touch screen area	触摸屏	t
reception room	接待处	r
information desk	服务台，接待处	i
front desk	前台	f
conference room	会议室	c
photocopying room	资料影印室	p
gift room	礼品店	g
souvenir shop	纪念品店	s

ticket office	售票处	t
group booking	团体预订	g
provisional booking	临时预订	p
reserve in advance	提前预订	r
book beforehand	提前预订	b
smoking room	吸烟室	s
smoking area	吸烟区	s
smoking section	吸烟区	a
entertainment room	娱乐室	e
relaxation	娱乐	r
refresh and recover	休闲娱乐	r
relax and refresh	休闲娱乐	r
inclination	爱好	i
recreation	娱乐(方式),消遣(方式)	r
chess room	棋牌室	c
garage	车库	g
flower house	花房	f
flower bed	花圃	f

高频考点3 屋内设施
Indoor Facilities

考试点滴

房屋租住有很多类型,有“单人单租”、“多人合租”,还有“一人租下后分租”。当然有时房东不允许,就如后面“房东要求类”中的“不准转租”、“分租”,这在英语中叫做“no sublet”。在此主要是介绍房内设施,这是常考的,同时也是留学生最关心的,因为这关系到他们生活是否方便的问题。本考点也具有“全、广、泛”的特点,所以总结要“专、精、细”。

考点细分(1) 家具 Furnishings

furnished	配备家具的	f
unfurnished	无家具的	u
partially furnished	有一部分家具的	p

考试点滴

"室内家具的配备情况"是雅思听力常常考查的内容，无论是从宏观角度来讲，还是细化到每一个细节，如房内的设施、条件等。

考点细分(2) 家用电器类 Electrical Appliances

考试点滴

房间内的电器是经常会考到的内容。通常情况下，西方的房屋配套是较为齐全的。租住时，无论一些设施是有还是没有，人们在对话时总是会提到。下列词汇是此类场景考核的重点，请大家掌握。

color TV	彩电	c
cable TV	有线电视	c
satellite TV	卫星电视	s
video	视频	v
audio	音频	a
stereo	立体声音响设备	s
tape recorder	磁带录音机	t
cassette player	卡式录音机	c
record player	电唱机	r
refrigerator	冰箱	r
fridge	冰箱	f
ice box	冰箱	i
gas stove	煤气炉	g

microwave oven	微波炉	m
electric magnetic oven	电磁炉	e
stove	炉子	s
oven	烤箱	o
cooker	厨具	c
kitchen cupboard	厨柜	k
electric fan	电扇	e
telephone	电话	t
loud-speaker	扩音器	l
household gadget	家用小器具	h
vacuum flask	热水瓶，真空瓶	v
washing machine	洗衣机	w
dish washer	洗碗机	d
dryer	烘干机，吹风机	d
shampoo	洗发水	s
bathtub	浴缸，澡盆	b
shower	淋浴	s
lighting	灯光，照明	l
ventilation	通风	v
electric vacuum cleaner	电吸尘器	e
bulb	电灯泡	b

考点细分（3）取暖 Heating

考试点滴

在国外，有些地区的房屋要配备采暖设施。这也是留学生在租住时非常关心的一个问题。考点词汇较为丰富，因此答案会有多样的表达方式，考生需要全面掌握。

radiator	散热器；暖气片	r
heating	暖气装置（设备）	h
furnace	火炉	f
heating unit	加热装置	h
fire place	壁炉	f
utensil	用具	u
air-conditioning	空调	a
central air-conditioning	中央空调	c

高频考点4 卧室
Bedrooms

考点细分（1）室内用品：橱柜类 Indoor Facilities

closet	壁橱	c
built-in closet	嵌入式壁橱	b
wardrobe	柜子	w
bookshelf	书架	b
cupboard	橱柜	c
storage wall	壁橱	s

考点细分（2）室内用品：床品类（被、毯）Bedding Accessories

blanket	毯子	b
carpet	（尤指铺满房间的）地毯	c
rug	小地毯	r
curtain	窗帘	c
cushion	垫子，靠垫	c
bed linen	床上用品（床单、枕套等）	b

sheet	床单	s
mattress	床垫	m
linen	亚麻布，日用织品	l
pillow	枕头	p
pillow case and bed linen	枕头套和床单	p
towel	手巾，毛巾	t
pot plant	盆栽植物	p
talcum powder	爽身粉，滑石粉	t

高频考点5 周边设施
Surrounding Facilities

文化点滴

租住的地点要风景宜人、生活便利，这会给留学生活带来舒适感。通常学校周边的房价会很高，但是生活便捷。离学校、市区远的地方租金相对比较便宜，只是交通上的时间成本较高。不过可以使用weekly pass——一种可以无限次乘坐大巴、城铁和渡船的“周票”，这样通勤效率会很高，所以住得离学校远一些算起来其实还是非常划算的。

考点细分(1) 地区 Areas and Districts

考试点滴

地区是学生租住房屋时一定会考虑的因素，也是雅思听力常常出现的对话内容。租住位置对于生活的便捷程度及生活成本都是有影响的，是需要考量的，同时也是需要备考的一个要点。

rural area	乡村，郊区	r
urban	城区，市区	u
county	县城	c
country	郊区	c
downtown area	市中心，闹市区	d
city centre	市中心	c
community	社区	c
residence	生活居住区	r
industrial area	工业区	i
industrial park	工业园区	i
block	街区	b
scenic area	风景区	s

考点细分(2) 周边配套设施和小商店 Public Facilities and Local Stores

考试点滴

周边的配套设施状况，在国内外都是影响居住价格和舒适度的因素，如附近是否有小商店、超市、公园等，乃至其营业或开放时间，这些都是生活中人们关注的要点，同时这也是雅思听力测试的考点。

amenity	便利设施	a
surroundings	周边环境	s
shopping mall	购物广场	s
mart	市场	m
supermarket	超市	s
whole sale	批发	w
retail	零售	r
boutique	小服装店，精品店	b
convenience store	便利店	c
drug store	药店	d
grocery	杂货店	g
dime store	廉价商店，折扣商店	d
vendor	小店，小摊，自动售货机	v
booth	售货摊	b
slot machine	投币售货机	s
chemist's shop	药店	c
open seven days	每周7天都营业	o
open 24 hours	24小时营业	o
round the clock	24小时营业	r
opening hours	营业时间	o

文化点滴

在国外，部分商店会“open seven days a week”，甚至“round the clock”，而大多数商店只在周一到周五营业。到了周末很多人不在繁华的市中心，而是去郊游或到海边沙滩度假。不仅是商店，有些餐厅在周末也不营业。平时商店的“opening hours”（营业时间）也很有限，有些店上午10点才开门，下午4点就要关门。夜间还营业的24小时店多数是“7-eleven”之类的连锁超市，还有一些卖水果的小店。

student preference	学生优惠	s
barber	（男子）理发店	b
swimming pool	游泳池	s
theatre	戏院	t
grand cinema	电影院	g
garage	车库	g
parking place	停车场	p
parking lot	停车场	p
parking meter	停车计时器	p
parking regulation	停车规定	p
parking permit	停车证	p
recreation centre	娱乐中心	r
front screen	前挡风玻璃	f
cafe	咖啡馆，小餐厅	c
cafeteria	校园自助餐厅	c
diner	地方小餐馆	d
coffee bar	咖啡馆	c
snack bar	小吃店，快餐厅	s

高频考点6 观光景点
Tourist Attractions

garden	花园	g
lake	湖泊	l
river	河流	r
ocean	海洋	o

square	广场	s
mountain	高山	m
park	公园	p
forest	森林	f

考试点滴

对于租住场景，雅思考试常常考查“窗外风景”这个考点，常常会涉及“景观决定价格”这一点。对于此高频出现的考点，答案通常就在上述这个比较固定的范围内。

高频考点7 交通方式 Transportation

文化点滴

留学生可选择乘坐的交通工具很多。通常学生们会购买“通票”，从公交车(bus)、通勤车(commute bus / shuttle bus)到城铁(city-rail)、渡船(ferry)在一周内都可无限次乘坐。出租车(taxicab)比较贵，留学生较少选择。

考点细分(1) 机动车 Private and Public Vehicles

car	小汽车	c
car pool	拼车	c
taxi	出租车	t
taxicab	出租车	t

文化点滴 ▶ ***taxicab***

图中的两辆车看起来很像电影中的“警车”，其实在西方国家的大街上，很少会

看到警车和警察。图中所示的其实是价格比较贵的“出租车”而已，而非警车。按照西方国家的交通规则，汽车在行驶中不能变道，所有驾乘人员都要系好安全带。

考点细分（2）长途汽车 Coaches

coach	长途汽车，大巴士	c
mini bus	小巴	m
medium-sized bus	中巴	m
45 seats coach	45座的大巴	45
shuttle bus	穿梭巴士	s
commute bus	通勤车	c
trolley bus	无轨电车	t
observing bus	观光巴士	o

考点细分（3）地铁和城铁 Subways and City-Rail

train	火车	t
commute train	通勤火车	c
tram	有轨电车	t
subway	地铁	s

穿梭巴士：小型交通工具，路线一般是从地铁站到地铁站，居民区和商场最后一公里。

tube	〈英〉地铁	t
underground	地铁	u
metro station	地铁站	m
city-rail	城铁	c
light-rail	轻轨	l
mag-lev	磁悬浮列车	m
non-stop train	直达列车	n
single-track train	单轨列车	s

考点细分(4) 通勤车 Shared Transportation

commute bus	通勤公交车	c
commute train	通勤火车	c
commute ferry	通勤渡船	c
express train	特快火车	e

考点细分(5) 飞机 Airplanes

vehicle	交通工具，车辆	v
helicopter	直升飞机	h

first class	头等舱	f
business class	商务舱	b
economy class	经济舱	e
freight	货运，货物	f
container	集装箱	c
round trip ticket	往返票	r
return trip ticket	往返票	r

考点细分(6) 其他 Additional Information

on foot	步行	o
within walking distance	步行可到	w
ferry	渡船	f
hovercraft	气垫船	h
hitch hike	搭车	h
bike	自行车	b
bicycle	自行车	b

考试点滴

对于雅思考试中出现的“机位预订”这个出题点，各种舱位的说法考生在考试时都可能会听到。常常以“方向层面考核反应力”的方式来出题，大多数情况考的是经济舱——economy class这个说法，这也从一个侧面验证了雅思考试内容贴近现实生活这一特点。

“方向层面考核反应力” 的定义：听力原文和题目的语言配合方式之一是将考生读到的选项逐一进行评论，形成语言的层次和内容的长度与难度；因此3选1的“单项选择题”和5选2或7选3的“多项选择题”往往倾向于将每个选项都谈论到，来考查考生在听到多层语言信息时准确辨认出正确答案的能力。例如：单选题中有三个选项A，B，C；在听力原文中首先听到对A的评述，然后又涉及B选项的内容，随后会出现对C选项的讨论；其中只有一个选项是符合答案要求和题干定位的；其他的选项都会以不同的方式被否定；此类考法在多项选择题中也是如此。这就是所谓的“方向层面考核反应力”。

考点细分(7) 票 Fares and Tickets

fare	车费，票价	f
toll	通行费	t
extra charge	额外费用	e
open ticket	通票	o
admission ticket	入场票	a
rain check	(因故可再凭以入场的)票根	r
one-way ticket	单程票	o
return ticket	返程票	r
round-trip ticket	往返票，双程票	r

高频考点8 所租住房屋优缺点
Benefits and Drawbacks

考点细分(1) 优点 Benefits

near bus station	离车站近	n
nice view	风景优美	n
well-furnished	家具齐全的	w
well-facilitated	配备完善的	w
within walking distance	步行可到	w

考点细分(2) 缺点 Drawbacks

考试点滴

留学生在租房时总会遇到很多不尽如人意的地方，这受个人习惯和文化差异的影响很大。对所租房屋“不满意”的地方是雅思考试中租房场景的一个考查要点。

expensive	比较贵的	e
beyond the budget	超预算的	b
far	远的	f
faraway	偏远的	f
out of the way	地方偏远的	o
lack of facilities	设施不全的	l
too small	地方太小的	t
not big enough	地方不够大	n
unfriendly landlord	不友善的房东	u
uncooperative landlord	不合作的房东	u
surroundings	周边环境	s
amenities	便利设施，文化设施	a
near the airport	离飞机场近	n
downtown	城中心	d
city centre	城市中心	c
suburb	近郊	s
urban	城区，市区	u
rural area	农村地区	r
near the railway station	在火车站附近	n
no privacy	没有隐私	n
insect haunting	蚊虫比较多	i

insect repellant	驱虫剂	i
stranger next bed	和陌生人住一个房间	s
food not your liking	吃不习惯	f
vegetable only	只吃素菜	v
vegetarian	素食主义者	v

文化点滴

在西方，超市里的时令蔬菜和水果比较贵，相比之下肉类食品比较便宜。超市里有很多半成品食物（half ready food），如盒装的生肉，调料一般已配好，只需放入烤箱烤一下即可食用。但有些留学生吃不习惯。

高频考点9 道路 / 地址 / 门牌 / 街名
Local Maps and Addresses

present address	现在的住址	p
road	道路，公路	r
avenue	林荫道，大街	a
boulevard	林荫道，大街	b
pathway	通道	p
pavement	人行道，辅路	p
sidewalk	人行道	s
short cut	近道，捷径	s
crossing	路口	c

intersection	十字路口	i
zebra crossing	斑马线	z
overhead bridge	过街天桥	o
junction	（公路或铁路的）连接路口	j
T road	丁字路口	T
T junction	丁字路口	T
roundabout	环形路口	r
street	街道	s
path	小路，小径	p
lane	小路，小巷	l
zip code	〈美〉邮编	z
post code	〈英〉邮编	p
highway	公路	h
express way	高速	e
free way	高速	f

高频考点10 人名和国籍
Student Personal Information

考试点滴

雅思听力测试中“人名、地名、专有名称”是常考点。对于人名，雅思考试会考查对人名的拼写。拼写时应注意R和I，J和G，M和N的发音区别，对一些特殊的人名拼写也要多加注意。

考国籍的题通常要求考生填写某国籍相应的形容词形式，即使答案在听力原文中是以名词形式出现的也是如此（这叫转述考法）。雅思出题方这样设置题目是考虑到国籍题相对比较简单，为了加强难度一般都会在此类考题上使用转述手法，而学生丢分主要是由于考试经验不足以及对“语言前后搭配”理解不够，而不是语言水平问题。

date of birth	出生日期	d
British	英国人	B
American	美国人	A
Polish	波兰人	P
Canadian	加拿大人	C
Australian	澳大利亚人	A
Singapore	新加坡	S
Philippines	菲律宾	P
Indonesia	印度尼西亚	I
Malaysia	马来西亚	M
Bangkok	曼谷	B

高频考点11 国家和城市
Countries and Cities

考试点滴

考试题中经常涉及的国家有英国、美国、加拿大、新西兰和澳大利亚，其首都和主要的大城市也常常会考到。但考生有时并不能正确读写这些单词，所以对于这些国家和城市的英文名称要多听多写。

考点细分(1) 英联邦国家常考地名一 英国 UK

Great Britain	大不列颠	G
England	英格兰	E
London	伦敦	L
Manchester	曼彻斯特	M
Liverpool	利物浦	L
Birmingham	伯明翰	B
Edinburgh	爱丁堡	E
Scotland	苏格兰	S
Leeds	利兹	L
North Ireland	北爱尔兰	N
Cardiff	加的夫	C
Coventry	考文垂	C

考点细分(2) 英联邦国家常考地名二 澳洲 Australia

Perth	珀斯	P
Melbourne	墨尔本	M
South Sydney	南悉尼	S
South Wales	南威尔士	S
Queensland	昆士兰	Q
Canberra	堪培拉	C
Adelaide	阿德莱德	A

考点细分(3) 英联邦国家常考地名三 加拿大 Canada

Toronto	多伦多	T
Quebec	魁北克	Q
Montreal	蒙特利尔	M
Vancouver	温哥华	V
Ottawa	渥太华	O

高频考点12 专业
Majors

考试点滴

学生所学“专业”是常考点，也是考生通常能听懂但容易拼错的内容。此考点在多个场景和不同的Section中出现。这个考点看似普通，实际难度却很高，这主要是因为其常常考查一些拼写较难的专业名，或者考查那些拼写简单但发音上又有变化的。另外，最常见的问题是考生认为自己拼写没有问题，但考到实题时才发现不能准确地将单词拼写出来。

architecture	建筑学	a
medicine	医学	m
psychology	心理学	p
economics	经济学	e
politics	政治学	p
history	历史学	h
anthropology	人类学	a
archeology	考古学	a
environment study	环境研究	e
population study	人口研究	p
general English	基础英语	g
academic English	学术英语	a

高频考点13 证明文件
Required Documents

考点细分(1)财力证明 Financial Prerequisites

letter from bank	银行证明	l
bank statement	银行对账单，银行证明	b

考点细分(2)身份证明 Personal Documents

reference letter	推荐信	r
recommendation letter	推荐信	r
application form	申请表	a
letter of application	申请信	l
letter of confirmation	确认信	l
letter of acceptance	录取信	l
letter of enrollment	录取信	l
letter of admission	录取信	l
letter of preference	证明信，介绍信	l
passport	护照	p
identification card (ID card)	身份证	i
visa	签证	v
driver's license	驾照	d
letter from professor	教授推荐信	l
letter from employer	雇主推荐信	l
letter of credit	信用证	l
letter of invitation	邀请信	l

考试点滴

证明学生身份的文件和证件，是在租房、租车、入学、办理借书证，以及使用校园设备设施时需要提交的材料，也是雅思考试的必考点。在国外，使用设施需要提供身份证明和财力证明，考试题自然也会有所涉及。

mailshot	信件	m
registered letter	挂号信	r
postcard	明信片	p

高频考点14 与数字有关的题
Information Details

考试点滴

考试题中“数字题”是必考的，该考点不只会出现在租房场景中。数字基本都会以“方向层面考核反应力”的手法出现。有时考题是让学生听写数字，而有时数字是作为“key word”(关键提示词)出现在试题中。此时就需要学生填写数字所指向的、考点涉及的考核词汇，这些词汇在生活中经常会用到。

考点细分(1) 数字(一) 价格 Prices

rent	租金	r
rental price	租房价	r
deposit	预订金，押金	d
insurance	保险费用	i
lease	租赁	l
cleaning fee	保洁费	c
garbage collecting fee	垃圾清理费	g

max price	最高价	m
minimum price	最低价	m
price limit	价格上限	p
phone bill	电话账单	p
pay for the contract	支付给中介签合同的钱	p
water and gas	水（费）和煤气（费）	w
electricity	电（费）	e
room service	房间服务（费）	r
energy	能源（费）	e
fee	费用	f
accommodation	住宿	a
length of time	（住宿）时间长度	l
date of move-in	搬入日期	d

考点细分（2） 数字（二）电话号码 Telephone Numbers

day time number	白天方便拨打的电话号码	d
extension number	分机号码	e
best time to contact	最佳联系时间	b
cell phone	手机	c
mobile phone	手机，移动电话	m
pay phone	（投币式）公用电话	p
public phone	公用电话	p
shared phone	共用电话	s
slot machine	投币（电话）机	s

考点细分（3） 数字（三）证件号 Identification Numbers

identification number	身份证号	i
visa	签证	v

passport	护照	p
bank statement number	银行对账单编号	b
registration number	注册号码	r
student card number	学生卡号	s
student number	学号	s
room number	房间号	r
driver's license number	驾照号码	d
parking permit number	准停证号	p

高频考点15 特殊要求
Special Requirements

考点细分(1) 房东要求 Requirements of Landlords / Landladies

no pets	不准养宠物	n
no party	不准搞派对	n
no sublet	不准转租	n

考试点滴

由于在生活、文化上存在差异，西方人在接触到外国的留学生后，会在租房前向这些学生租户提出一些明确的租房要求，而这些要求中有很多是考生从未听说过的，也没有什么概念性的理解。但因为这是西方生活中比较常见的问题，于是就成为了雅思考试的设题点。如上面的“不准学生转租”(no sublet)。

no noise	不准制造噪音	n
no smoke	不准吸烟	n
no drink	不准饮酒	n

no party	不准开派对	n
deposit	先付订金	d
insurance	（要求付）保险金	i
shared bill	分担账单	s
a proportion of ... bill	付一部分的…账单	a
pay for the contract	支付给中介签合同的钱	p
pay ... in advance	提前支付	p
inform ... in advance	提前通知	i
cleaning fee	卫生清理费	c
garbage collecting	垃圾清理费	g

考点细分（2）房客要求 Requirements of Tenants

special diet	特定饮食	s
vegetarian	素食主义者	v
vegetable only	只吃素菜	v
special food requirement	特殊的食物要求	s
no red meat	不吃红肉（猪、牛、羊肉）	n
no white meat	不吃白肉（鸡、鸭、鱼肉）	n
clean the ...	清理…	c
repair ... before move-in	搬入前修理…	r

文化点滴

在国外留学，会遇到各种各样的突发状况，经常会因为各种原因而要搬宿舍或更换租住地。在租房前要把要求讲清楚，这样和房东沟通、配合起来就会更加顺畅。这些实际生活中的对话语言有很多都是雅思考试的考点及语料素材。

高频考点16 支付方式
Payments

cash	(付)现金	c
check / cheque	支票	c
credit card	信用卡	c
low-interest loan	低息贷款	l
pay by month	按月支付	p
pay on the basis of ...	以…为标准来支付	p
deposit	(付)订金	d
insurance	保险	i
money order	汇票	m

考试点滴

与银行有关的场景既是考试的考点，又是生活中必须要经历的场景。无论从备考雅思还是从生活的角度考虑，都应该将此场景中的内容掌握好。对于“school banking”(校园银行场景)，在后面章节中还有详细讲解。“支付方式”、“开户/开卡类别”、“银行票据类别”等方面的信息都会是考核的要点。

高频考点17 安全措施
Safety Measures

leaking	漏了	l
broken	破了，坏了	b
temporarily down	暂时坏了	t
out of order	失灵，出故障	o
no locks	没有锁	n
flicker	闪烁，让人眼花	f
torn	撕坏了	t
home insurance	家庭保险	h
property insurance	财产保险	p
theft	盗窃	t
break in	破门而入	b
rob	抢劫	r

第二高频常考场景　旅游
Extra-Curricular Activities

场景细分

1	旅游咨询	学生和旅游代理人的对话
2	自助旅游	学生间的对话
3	景点介绍	导游自己讲话
4	旅游工具	节目主持人或讲师的讲话
5	旅游访谈节目	主持人和旅行者的对话
6	旅游景点	野生动物介绍
7	旅游景点	植物、环境介绍

场景文化解析

在国外留学，旅游是了解当地人文的主要方式之一，也是留学生活的重要组成部分。在英联邦国家，留学、旅游等文化产业已成为其经济的重要支柱，其国际间、洲际间、城际间的旅游，市内旅游，小镇的近郊旅游，以及为期一日的“observing bus”（观光巴士游）和“observing ferry”（观光渡船游）等旅游项目极为丰富，可谓将旅游做到了极致。比如留学澳洲的学生，仅在悉尼这一个城市就可以看到很多著名景点，诸如悉尼歌剧院（the Sydney Opera House）、悉尼港（ the Sydney Harbour）、达令港 （Darling Harbour）、海港大桥（the Harbour Bridge）、悉尼博物馆（Museums）、澳洲博物院（the Australian Museum）、月神公园（Lunar Park），还可以去海边走一走。

在当地的旅游介绍中，唐人街(China Town)也名列其中，甚至连小到只是一间小屋的卡德曼小屋(Cadman's Cottage)都成为了旅游景点，足见西方旅游业的发达程度。当留学生还没有去过这些西方城市时，雅思考试题就已经涉及了这些方面，留学生不仅成为其教育的受益者，同时又以游客的身份促进了当地的经济发展。

在某次雅思听力测试中，仅一个Section就将英国很多有丰厚文化底蕴的著名景点如数家珍般一一展现：从S. S. Great Britain(大不列颠号)到Stonehenge(巨石阵)；从St Ives(圣艾夫斯)到Hepworth Museum(赫普沃思博物馆)；从Bath（巴斯）到Salisbury（索尔兹伯里），还有the Tower of London(伦敦塔)。这些无一不是英国的热门景点。

高频考点1 旅游方式 Methods of Touring

考点细分(1) 旅游方式 Touring Availability

考试点滴

西方国家非常重视旅游业，对留学生而言，可选择的旅游方式多种多样，极其丰富：可以自由结队组织旅游、在校内参加旅游团(由学生活动办公室等组织)，也可以参加校外的旅行项目。经过对历次雅思听力常考场景的分析，我们发现旅游是考试中极其重要的考查场景，而且考点甚多。

package tour	跟旅行团旅游	p
guided tour	有导游带领的旅游	g
four-wheel-drive tour	驾车旅游	f
excursion	远足，短途旅行	e
hitch-hike	搭便车	h
car pool	拼车	c
hiking	远足，徒步旅行	h
bag-packer	背包客	b

考点细分（2）旅行类别 Touring Options

outing	郊游，户外旅行	o
voyage	远行，远航	v
trip	短途旅行	t
tour	旅行，观光	t
observation tour	观光旅行	o
charity tour	慈善募捐游	c
bush walk	丛林漫步	b
beach walk	海滩徒步旅行	b
rock climbing	攀岩	r
bridge walk	桥上徒步旅行	b
bridge climbing	攀桥	b

文化点滴 ▶ ***bridge climbing***

在悉尼港口，除了著名的悉尼歌剧院，悉尼大桥也是闻名于世的旅游景点，在桥上行走是免费的旅游项目，“攀桥”则是收费的项目。

考点细分(3) 报名和预订 Enrollment and Booking

group booking	团订	g
provisional booking	临时预订	p
make a reservation	预订	m
book	预订	b
order	订购，订货	o
enrol	报名参加	e
book the ticket	订票	b
enlist	报名参加	e
joining fee	报名费	j
register	登记，注册	r
sign one's name	签名	s
full refund	全额退款	f
partially refund	部分退款	p
length of trip	行程	l
go out for brunch	去吃早午餐	g
eat out	出去吃	e
dine out	出去吃	d
bite out	出去吃	b

高频考点2 旅游项目
Touring Choices

考试点滴

在雅思听力旅游场景中经常会涉及旅游项目，其中很多项目考生在国内是很难接触到的，有些甚至都没有听说过，所以如果考生在考试中遇到往往会一头雾水。

explorer's trip	探险游	e
go camping	露营，宿营	g
spotlight tour	使用聚光灯在夜间出行	s
horse riding	骑马	h
cycling	骑自行车游	c
river boating	在河里划船	r
boating	划船	b
scuba diving	戴水肺潜水	s
waterfall	瀑布	w
picnic	去野餐	p
spectacular view	壮观的美景	s
barbecue	烧烤野餐	b
rainforest lodge	雨林小屋	r

surfing	冲浪	s
skiing	滑雪	s
skating	滑冰	s
cook service	烹饪服务	c
feed animals	给动物喂食	f
survival course	生存训练	s
rock climbing	攀岩	r
mountain climbing	爬山	m
cliff walk	攀悬崖运动	c

bush walk	丛林漫步	b
mountain walk	山间行走	m
beach walk	海边行走	b
high street walk	逛街	h
hunting	打猎	h
bird-watching	观鸟	b

文化点滴

澳洲有很多动物园位于比较繁华的市区，里面通常有名目繁多的动物，其空间设计和内部设置非常合理，占地面积并不大，通常会建在海边，把陆生动物和水生动物圈养在一起，极大地丰富了园内的动物品种。

bungee jumping	蹦极跳	b
four-wheel-drive tour	驾车旅游	f
crocodile cruise	(乘船)观赏鳄鱼	c
rare-animal area	稀有动物区	r

考试点滴

在雅思听力测试中，动物的名称有时会成为旅游对话场景中的考点，或者被提及来加大听力难度，有时也会成为干扰项，或者直接就是答案。Section 4中经常会涉及有关动物研究的学术报告、讲座或讲课，内容广泛，所提及的动物名称非常丰富。这类考题多数是由澳洲考官设计的(因为具备相关文化背景)，因此，“kangaroo”(袋鼠)、“koala”(考拉)、“ostrich”(鸵鸟)等都是常考话题。留学澳洲的学生还可以在各种大小超市中买到“袋鼠肉”吃，这是澳洲政府提倡公民食用的“高蛋白、低脂肪营养美食”——澳洲袋鼠养殖供应量很大，价格也便宜。本着“关注健康”的原则，在有关“可食用动物”的题目中，“营养”方面的题目答案通常会涵盖“high-protein”(高蛋白)、“low-fat”(低脂肪)、“helpful to health”(有助于健康的)等词汇，曾经考过的有关鸵鸟的选择题答案就是这样的。

watch the swans	观赏天鹅	w
go fishing	去钓鱼	g

inclination	个人爱好	i
relaxation	放松	r
pastime	业余消遣	p
recreation	消遣，娱乐	r

高频考点3 讲话者 Personnel and Additional Information

考点细分（1）导游 Guides

guide	导游	g
local guide	地陪，地方导游	l
lecturer	讲话者，讲师	l
agent	代理商	a
entertainment officer	娱乐负责人	e
recreation officer	娱乐负责人	r

考点细分（2）宣传手册 Brochures

文化点滴

在西方国家，旅游宣传做得极其到位。一下飞机，从机场宣传架上就可以拿到各种旅游宣传页、城市导游图等。游客入住大大小小的旅馆、酒店时，通常在一楼大堂就能拿到各种免费的旅游宣传手册。

brochure	宣传册	b
booklet	小册子	b
guidebook	旅行指南	g
hand-out	发放的资料	h

give-out	发放的资料	g
outline	概况	o
survey	概述	s
brief account	简要介绍	b
leaflet	传单	l
clipping	剪报	c
bus system map	公交线路图	b
rear entrance	后门	r
readmitted	准予再进入	r
rain check	票根	r

高频考点4 交通
Transportations

文化点滴

发达的交通是出行的最大保障。一票在手，畅行无忧，花上十几块钱买张“weekly pass”，有了它，在一周内无需另外付费即可无限次地乘坐“bus”、“train”、“city-rail”、“ferry”等等，但是“single-track train”、“single-rail train”等单轨车以及一些更高级的交通工具是需要另付费的。

school bus	校车	s
commute bus	班车	c
commute train	通勤火车	c
commute ferry	通勤渡船	c

large coach	大巴士	l
minibus	小巴	m
medium-sized bus	中巴	m
train	火车	t
tram	有轨电车	t
light-rail	轻轨	l
single-rail	单轨	s
single-track	单轨	s
tube	〈英〉地铁	t
subway	〈美〉地铁	s
underground	〈英〉地铁	u
subway station	地铁站	s

mag-lev	磁悬浮列车	m
hovercraft	气垫船	h
glass-bottomed boat	玻璃底板船	g
ferry	渡船	f
travel agency	旅行社	t

flight number	航班号	f
check in	办理登机(或入住)手续	c
motel	汽车旅馆	m
passport	护照	p
visa	签证	v
driving license	驾照	d
walking boots	步行靴	w

高频考点5 景点
Places of Interest

考点细分(1) 风景名胜 Scenic Resorts

souvenir	纪念品	s
art gallery	画廊	a
scenery	风景	s
scenic spot	风景区	s
scenic resort	旅游胜地,风景名胜	s
scenic area	风景区	s
retreat	疗养地	r
place of interest	名胜	p
relic	遗迹	r
historical places	历史古迹	h
gift shop	礼品店	g
souvenir shop	纪念品店	s

reproduction	复制品	r
opal	澳宝(即蛋白石或猫眼石)	o

考试点滴 ▶ ***opal***

澳宝是盛行于澳大利亚的一种旅游产品，大小贵贱，一应俱全。在旅游场景中，常会涉及一些纪念品店和纪念品名称，特别是“souvenir”这个词，很多考生总不能正确拼写。

考点细分(2) 特色景点 Other Resorts

考试点滴

旅游场景不只是考一些宽泛意义上的场景词汇，还会涉及一些实地、实景、实物，比如曾经就考过悉尼达令港的“National Maritime Museum”(海事博物馆)和停泊于该港口的一艘退役的战舰“Vampire”，而且还收录在“剑桥雅思考试全真试题集 2”中。其听力原文的描述与该港口及战舰的实际情况是完全一样的，在“Vampire”旁边还有潜水艇及其他船舶，只是考试题目未涉及。下图就是“Vampire”的标志，以及海事博物馆和战舰的实拍照片。

white sand	白沙滩	w
beach	海滩	b
diving	潜水	d
reef	礁，暗礁	r
coral	珊瑚(虫)	c
wild-life zoo	野生动物园	w
rare-animal area	稀有动物区	r
reptile park	爬行动物公园	r

on the bend of the river	在河道转弯处	o
the Sydney Tower	悉尼塔	t

高频考点6 附送旅游点
Additional Places

考试点滴

在旅游时，旅行社经常会额外附送一些景点，这些景点经常会是西方国家实际存在的著名景点，其考查范围较宽泛。

cathedral	大教堂	c
castle	城堡	c
gallery	画廊	g
flower shop	花店	f
drug store	杂货店	d
convenient shop	便利店	c
resort town	旅游城镇	r
admire the sunset	欣赏日落	a

sculpture	雕塑	s
underwater life	水生动物	u
reptile animal	爬行动物	r
domestic animal	家畜	d
sea creature	海洋生物	s
full-licensed restaurant	执照齐备的餐厅	f
high-street shop	百货公司门店，专卖店	h
bar	酒吧	b
fish and chips	鱼和薯条	f
coastal restaurant	海边餐厅	c

文化点滴

西方人在周末喜欢去海边或一些景区游玩放松，享受生活。也有不少人会去海景餐厅吃饭，不过其花费和海景的美丽壮观是成正比的，价格往往不菲。

sushi	寿司	s

文化点滴 ▶ *sushi*

寿司在西方国家比较贵，上图中标有“SAKURA，JAPANESE KITCHEN”的就是一家寿司店，消费一次大约需30~50 dollars，换算成人民币就可以看出其价格水平了。

高频考点7 相关场所
Area Description

reproduction	复制品	r
ticket office	售票处	t
membership	会员资格	m
information desk	服务台，咨询处	i
front desk	前台	f
service desk	服务台	s
dime store	廉价商店，便利店	d
grocery store	杂货店	g
cashier	〈英〉出纳员	c
teller	〈美〉出纳员	t
free parking lot	免费停车场	f
entrance	入口	e
rear door	后门	r
side door	侧门	s
entrance gate	入口大门	e
central area	中央区	c

高频考点8 行程安排
Travel Possibilities

single trip	单程	s
round trip	双程，往返旅行	r
return trip	回程，返程	r
standard class	标准舱	s
first class	头等舱	f
business class	商务舱	b
economy class	经济舱	e
cycling route	自行车路线	c
detour	绕道	d
route	路线	r

高频考点9 要求
Personal Requirements

union card	会员卡	u
passport photo	护照照片	p
driver's license	驾照	d
sign in advance	提早报名	s
reserve in advance	提前预订	r
deposit	订金，押金	d
expense	费用	e
register	登记，注册	r
enrol	注册	e
enlist	注册	e
confirm	确认	c

confirmation letter	确认信	c
notice board	宣传栏	n
newsletter	宣传信件，(电子)简报	n
bulletin board	公告栏	b
student preference	学生优惠	s

高频考点10 开放时间
Opening Hours

考试点滴

在西方国家，有些餐厅在周末不营业，很多景点也都有特定的开放时间。如果雅思听力测试中考到，一般都会综合“方向层面反应力”+“语言转述”等多方面来考查，因此这个点一般是由语言难度来支撑题目难度的。

weekday	工作日	w
workday	工作日	w
weekend	周末	w
morning and afternoon	全天	m
morning to midnoon	上午半天	m
only afternoon	下午半天	o
open every day except Monday	除周一都开放	o
underused facilities	利用率低的设施	u
morning discount	早间折扣	m
not use at the same time	不能同时使用	n

高频考点11 自行车种类
Bicycles

racing bicycle	赛车	r
touring bicycle	观光脚踏车	t
mountain bicycle	山地车	m
ordinary bicycle	普通自行车	o
single-speed bicycle	单速车	s
frame	车架	f
size of wheels	轮子尺寸	s
casual tour	休闲旅行	c
hill tour	登山旅行	h

高频考点12 道路与路标
Road and Traffic Signs

考试点滴

地点方位在Section 1和Section 2都会考到，方向关系词非常重要，因为其指向的地点名称通常都是考点。此类题目不仅会在“旅游场景”中出现，也会出现在“地图场景”中。这样的地点在听力中出现时一般可以用下面这个公式表达：方向关系词+地点名称（一般是题目的答案所在）+对此地点功能、性质和特色的介绍说明。

green arrows	绿色箭头	g
signpost	路标	s
landmark	地标	l
marked with signs	用标志标记	m
handicapped	残疾人(专用)	h
physically challenged	残疾人(专用)	p
disabled	残疾人(专用)	d
wheel chair	轮椅	w
access	通道	a
sidewalk	人行道	s
pavement	人行道	p
zebra crossing	斑马线	z
cross road	十字路口	c
T road	丁字路口	T
junction	交叉路口	j
overhead bridge	过街天桥	o
tunnel	隧道	t
education centre	教育中心	e
administration building	行政大楼	a
wing building	翼楼	w
annex	附属建筑	a
information desk	服务台	i
reception area	接待处	r
teaching building	教学楼	t
office building	办公楼	o

高频考点13 地方背景
Local Useful Information

population	人口	p
main industry	主要工业	m
climate	气候	c
wet	潮湿的	w
humid	湿润的	h
cool	凉爽的	c
warm	温暖的	w
dry	干燥的	d
rainy	多雨的	r
sunny	阳光明媚的	s
cloudy	多云的	c
main attraction	主要景点	m
raw material	原材料	r
metal industry	金属工业	m
manufacture	生产，制造	m
local craftsman	当地工匠	l

高频考点14 旅游工具
Traveling Equipment and Accessories

tent	帐篷	t
sleeping bag	睡袋	s
portable tent	便携式帐篷	c
hiking boots	徒步靴	h
boots and socks	靴子和袜子	b
riding helmet	自行车头盔	r
repair kit	修理工具箱	r
first-aid kit	急救箱	f
glove	手套	g
tape measure	卷尺	t
string	绳子	s
cycle	自行车	c
mini bus	小巴士	m
medium-sized bus	中巴士	m
large coach	大巴士	l

高频考点15 旅游地点
Environment

coast	海边	c
beach	沙滩	b
mountain	高山	m
wild-life zoo	野生动物园	w
rainforest	雨林	r
forest area	森林地带	f
marine life	海洋生物	m
view the reef	观看珊瑚礁	v
soak up the sun	日光浴	s
admire the sunset	观日落	a
play chess	下国际象棋	p
farming accommodation	农场住宿	f
survival course	生存训练	s

高频考点16 旅游中遇到的不利因素
Wildlife and Safety Information

sleep outdoors	睡在户外	s
insect	昆虫	i

文化点滴

在外旅游时经常会碰到昆虫。如果在山上住宿，遇到昆虫更是难免的。

share room	共用房间	s
share kitchen	共用厨房	s
stranger next bed	睡在旁边床上的陌生人	s
snorer	打呼噜的人	s
stinger	（蚊虫等的）叮咬	s
jellyfish	水母	j
sting	叮	s
slippery	打滑的	s
common sense	常识	c
non-open time	非开放时间	n

高频考点17 住宿地点
Accommodation

stay through	住，小住	s
accommodation directory	住宿地点名录	a

caravan site	旅行车停泊处	c
motel	汽车旅馆	m
rainforest lodge	雨林小屋	r

in the wood	在丛林中	i
tropical forest	热带森林	t

高频考点18 旅游存款
Monetary Information

文化点滴

在有关旅游的讲座中，通常旅游活动的组织人员会给游客讲解“交款方式”、“押金要求”、“订金返还”、“支票兑现”以及“旅游携款”等方面的注意事项。

teller	〈美〉出纳员	t
cashier	〈英〉出纳员	c
cash the check	兑现支票	c
higher rate	更高的(兑换)比率	h
deposit	存钱	d
withdraw money	取钱	w
balance	余额	b
overdraft	透支	o
joining fee	入会费	j
full refund	全额退款	f
partially refund	部分退款	p

高频考点19 观赏动物
Wildlife Observation

species	物种	s
lion	狮子	l
fish	鱼类	f
parrot	鹦鹉	p
crocodile	鳄鱼	c
snake	蛇	s
falcon	猎鹰	f
kangaroo	袋鼠	k
ostrich	鸵鸟	o
wolf	狼	w
tiger	虎	t

高频考点 20 通知
Notices

考试点滴

“通知栏”及“通知”是经常出现在旅游场景的考点，在其他一些场景中也会考到，考生要熟记与其有关的关键词汇。

notice board	宣传栏	n
bulletin board	公告栏	b
newsletter	宣传信件，(电子)简报	n
alarm system	报警系统	a
buzzer	蜂鸣器	b

高频考点 21 补充 Additional Information

commence the tour	开始旅行	c
admittance	允许进入	a
guided tour	有导游的旅游	g
dependent on distance	依距离而定的	d
special trip	特色旅游	s
keep ... fixed	保持…固定	k
sign up	签名，报名	s
with full refund	全额退款	w
schedule	日程安排	s
optional extra	额外选择	o
student newspaper	学生报，校刊	s
give a brief account of	简单介绍	g
roam	漫步，散步	r
wander	闲逛，溜达	w

jogging	慢跑	j
fast flowing water	快速流动的水	f
raw material	原材料	r
mineral	矿物质	m
the abundance of	充足，大量	t
local craftsman	当地工匠	l
metal industry	金属工业	m
entry gate / entrance	入口，门口	e

第三高频常考场景　看医生/健康场景
Medical Information

场景细分

1	看医生	学生和校园医生的对话场景
2	办理校园健康医疗卡	学生和工作人员的对话场景
3	健康知识讲座	请医生或健康饮食专家来讲座的场景
4	食品、营养结构讲座	涉及专业学术知识的场景

题目考点

一般个人信息(6~7道题)+专业词或背景知识(3~4道题)

专业词汇：饮食结构、各种营养品及营养成分、生理和心理词汇、医生和健康机构名称、症状、病症名称

背景知识：东西方健康机构的区别

考试特点

考试中70%都是一般考点，但其他30%属于专业考点。在考试中，要做对6~7道相对简单的一般信息题需要对听力原文有良好的反应力和对答案的正确捕捉及拼写，要做对3~4道较难的专业题则需要考生掌握下列所有分类词汇。西方国家的卫生系统与东方国家的存在很多差异，其相关词汇也大多为中国考生所不熟悉的，因此考生需要认真准备相关专业词汇，包括"就医规则"、"具体程序"以及"机构名称"等方面的专业词汇。

高频考点1 饮食方面
Nutritional Information

考点细分(1) 饮食建议 Dietary Suggestions

balanced diet	均衡的饮食	b
right food	合理的食物	r

sensible eating	合理的饮食	s
regular intake	规律的摄入量	r
eat moderate portions	适量地吃	e
eat in moderation	适量地吃	e

考点细分(2) 营养 Nutrition

supplement	补充品	s
nutrition	营养	n
nutrient	营养品	n
multi-vitamin	复合维生素	m
vitamin	维生素	v
mineral	矿物质	m
mineral supplement	矿物质添加剂	m
local food	当地食物	l
protein	蛋白质	p
amino acid	氨基酸	a

考点细分(3) 食品 List of Foods

cereal	谷类食品，燕麦片	c
sugar	糖	s
salt	盐	s
lean meat	瘦肉	l
pork	猪肉	p
lamb	羊羔肉	l
beef	牛肉	b
ostrich meat	鸵鸟肉	o
kangaroo meat	袋鼠肉	k
white meat	白肉（指鸡、鸭、鱼肉等）	w
red meat	红肉（指猪、牛、羊肉等）	r
milk product	奶制品	m
cheese	奶酪	c
butter	黄油	b
milk bar	奶品店	m
milk powder	奶粉	m
milk shake	奶昔	m
cream	奶油	c
yogurt	酸奶	y
nut	坚果	n
carrot	胡萝卜	c
vegetarian food	素食	v
vegetable only	只吃素食	v
care package	食品包裹	c
junk food	垃圾食品	j
fat	脂肪	f

高频考点2 健康机构
Medical Facilities

考点细分(1) 诊所类别 Clinics

考试点滴

西方国家的健康机构与我们国内的很不一样，而且“诊所名称”也不一样，这一差异导致很多考生在考试中遇到此类题目往往不知如何作答。

clinic	诊所	c
campus clinic	校园诊所	c
community clinic	社区诊所	c
chemist's shop	药店	c
practice	从业医生的诊所	p
community hospital	社区医院	c
in-patient department	住院部	i
mental hospital	精神病医院	m

考点细分(2) 补充 Additional Information

ward	病房	w
health system	卫生系统	h
prescribe	开处方	p
dental care	牙齿护理	d
check up	体检	c
consulting hours	门诊时间	c

高频考点3 医生
Doctors

考试点滴

医生的名称是健康场景的高频考点之一，特别是下面列出的健康饮食专家，这些词汇经常是答案所在，其身份可能是演讲者或特约嘉宾。

psychiatrist/shrink	精神科医生	p
dentist	牙科医生	d
psychologist	心理学家	p
optician	验光师	o
oculist	眼科医生	o
practitioner	从业医生，见习医生	p
specialist	专科医生	s
surgeon	外科医生	s
physician	内科医生，医师	p
nurse	护士	n
nursery	看护	n
internist	〈美〉内科医生	i
vet	兽医	v
dietitian	营养师，饮食专家	d
health expert	饮食专家	h

高频考点4 药物
Drugs

考试点滴

“药物名称”是雅思听力测试的重点，而且是考查很宽泛的一个点。原因在于这部分出现的词汇相当专业，而且数量极多，如果没有充分的准备，是很难轻松自如地作答的。

fat-soluble vitamine	脂溶性维生素	f
water-soluble vitamine	水溶性维生素	w
medication	药物，药剂	m
pill	药片	p
tablet	药片	t
capsule	胶囊	c
mixture	合剂	m
aspirin	阿司匹林	a
penicillin	青霉素，盘尼西林	p
antibiotic	抗生素	a
syrup	糖浆	s
cold cure	感冒药	c
sweating medicine	发汗药	s
febrifuge	退烧药	f
ointment	药膏	o
syringe	注射器	s
stethoscope	听诊器	s
preventive injection	预防针	p
gauze	纱布	g
regular daily intake	常规每日摄入量	r
pad	药棉块	p

eyedrop	眼药水	e
bandage	绷带	b

高频考点5 病症名称 Medical Condition

考试点滴

“病症名称”与“生病症状”都是健康场景中较常出现的考点，比较重要，但一般不会在一个Section出现很多次，因为这属于较难的考点。

twist	扭伤	t
back trouble	背痛	b
bad back	背痛	b
internal clock	生物钟	i
allergy	过敏症	a
be allergic to	对…过敏	b
pneumonia	肺炎	p
liver trouble	肝病	l
flu	流感	f
stuffed nose	鼻塞，不通气	s
chronic disease	慢性病	c
insomnia	失眠(症)	i
arthritis	关节炎	a
sprained	扭伤的	s
asthma	哮喘	a
sleeplessness	失眠	s
hay fever	花粉热	h
yellow fever	黄热病	y

高频考点6 生病症状
Signs and Symptoms

have a stomachache	胃痛	h
symptom	症状	s
have/catch a cold	感冒	h
have a sore throat	嗓子痛	h
have a fever	发烧	h
high temperature	高烧	h
have a cough	咳嗽	h
have a headache	头痛	h
have a toothache	牙痛	h
flu	流感	f
feel dizzy	头晕	f
feel chilly	发冷	f
have a stuffed nose	鼻子不通	h
case history	病历	c
extract a tooth	拔牙	e

高频考点7 看病
Seeing the Doctors

injection	注射	i
see a doctor	看病	s
send for a doctor	去请医生	s
take one's blood pressure	量血压	t
take one's temperature	量体温	t
give a prescription	开处方	g
have an operation	动手术	h

make an appointment	预约	m
feel one's pulse	把脉	f
blood pressure	血压	b
prescribe	开处方	p
diet	节食	d
treatment	治疗	t
relax therapy	放松疗法	r
dental care	牙齿护理	d
check up	体检	c
hold a surgery	出诊	h
intensive care	特护	i

高频考点8 注意事项
Requirements

register	登记，注册	r
medical card	医保卡	m
warden	看护人	w

高频考点9 副作用
Possible Side Effects

allergic to dust	对灰尘过敏	a
dizzy	眩晕的	d
drowsy	昏昏欲睡的	d
drowsiness	昏昏欲睡	d
vomit	呕吐	v
cramp	抽筋	c
throw up	呕吐	t

nauseate	作呕	n
diarrhea	腹泻	d
puke	呕吐	p
phlegm	痰	p
stiff neck	脖子发僵	s
abscess	脓肿	a

高频考点10 导致不适的因素
Factors and Causes

homesick	想家的	h
homesickness	想家	h
unhealthy lifestyle	不健康的生活方式	u
calory	卡路里	c
fatigue	疲惫	f
symptom	症状	s
fitness	健康，健壮	f
good condition	健康	g
walking club	行走俱乐部	w
feel dizzy	头晕	f
drowsy	困的，想睡的	d
exhaustion	精疲力竭	e

第四高频常考场景　事件安排与协调 Administration Information

场景细分

1	节日活动或会议安排
2	两个学生对安排事项进行讨论的对话场景

题目考点

选择地点、讨论价格、协调时间、确定参会人员及特邀嘉宾、对食物及饮品的要求、准备物品、讲话人的安排、需要提供的资料、订金及特殊要求等。

考试特点

西方人被称作“社交动物”(social animals)，参加和安排正式和非正式活动是西方留学生活中的重要内容，这自然也成为雅思听力常考的场景。西方学生的“派对”(party)无处不在：校园、学校餐厅、教室和校外活动地点(如公园、海边沙滩)等。

对话内容主要是学生对事项安排的商榷，提出建议，最后对这个讨论进行评定是此类题型的主题。因此，用“方向层面考核反应力”的语言配合手法是最常见的，而且大多数题目正确答案在最后听到的内容中可以找到——也就是常说的“答案后出原则”，因为通常决定总是在讨论最后才做出的。

高频考点1 活动地点的安排与协调
Location of Venues

考点细分(1) 地点 Venues

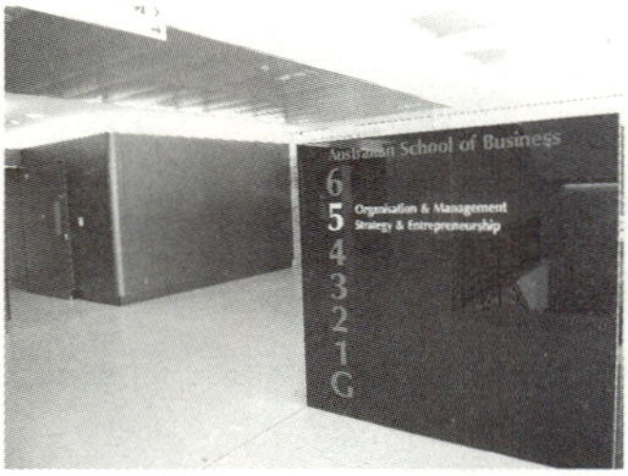

place	地点	p
venue	聚集地，比赛场所	v
premises	经营场所	p
site	场所，地点	s
choice of place	地点的选择	c

考点细分(2) 校园餐厅 School Canteens

文化点滴

很多校园活动安排是随意、随时、随地的；活动无处不在，而且多数是非正式的，所以校园内方便而又实惠的餐厅自然成为这种活动的最佳举办地。

candy bar	糖果店	c
canteen	食堂，餐厅	c
cafeteria	校园自助餐厅	c
dining hall	餐厅	d
snack bar	快餐厅，小吃店	s
diner	小餐馆，小饭店	d

考点细分（3）其他地点 Other Places

outdoors	户外	o
desert	沙漠	d
mountain	高山	m
conference room	会议室	c
meeting room	会议室	m
ballroom	舞厅	b
seminar room	研讨室	s
tent	旅行帐篷	t

高频考点2 讲话人
Speakers

考点细分（1）学生 Students

representative	代表	r
a speech by a representative	代表发言	a
delegate	代表团成员	d
student leader	学生干部	s
monitor	班长	m
senior	高年级学生	s

考点细分(2) 教职工 Staff

考试点滴

Section 2 中的“lecture”场景常常会考查校园的新生见面会(orientation),讲话者的身份有时会成为考点。西方文化是“演讲和展示”文化,所以雅思听力测试中经常会考查演讲场景。

president	校长	p
session chairman	会议主席	s
chancellor	〈英〉名誉校长,〈美〉校长	c
headmaster	(尤指私立学校的)男校长	h
headmistress	(尤指私立学校的)女校长	h
director	主任	d
supervisor	督学	s
faculty head	系主任	f
faculty / staff	教职工	f
tutor	导师	t
instructor	教师	i
participant	与会者	p
expert	专家	e
scholar	学者	s
course convener	课程辅导员	c
counsellor	顾问	c
sponsor	发起者,赞助者	s
mentor	顾问	m

高频考点3 时间安排 Schedules

schedule	日程安排	s
timetable	时间表	t

scheme	计划	s
program	安排，计划	p
itinerary	旅程安排	i
arrangements	安排	a

高频考点4 食物
Foods

考试点滴

针对校园中举办的派对场景，雅思听力测试常常会出一些与选址、细节有关的题目，其中点菜内容是经常会考到的点，当然偶尔也会出现偏难的考点，如：“lentil curry”（咖喱扁豆），这是中国课本里基本不会涉及的内容。

lentil curry	咖喱扁豆	l
roast	烤制的	r
appetizer	开胃菜	a
main course	主菜，正餐	m

fish and chips	鱼和薯条	f
greasy	油腻的	g
butter	黄油	b
cheese	奶酪	c
lean meat	瘦肉	l
fat meat	肥肉	f

fried rice	炒饭	f
beef	牛肉	b
mutton	羊肉	m
balanced diet	均衡饮食	b
vitamin	维生素	v
fat-soluble vitamin	脂溶性维生素	f
water-soluble vitamin	水溶性维生素	w
dietitian	营养学家，饮食专家	d
nutrition	营养	n
chocolate	巧克力	c
short-lived energy	很快就被消耗掉的能量	s
nourishing food	有营养的食物	n
sugar	糖	s
salt	盐	s
nut	坚果	n
pizza	比萨饼	p

sandwich	三明治	s
takeaway	外卖	t
entrée	主菜，主菜前的小菜	e
dessert	甜品	d
buffet	自助餐	b
vending machine	自动售货机	v
eat out	出去吃	e

barbeque	烧烤	b
well-done	做熟的	w
half-done	半熟的	h
non-alcoholic	不含酒精的	n

考点细分 饮料和蔬菜
Beverages and Vegetables

lemonade	柠檬水	l
Seven-up	七喜牌汽水	S
beverage	饮料	b
coffee	咖啡	c
café	咖啡馆	c
brewed coffee	煮的咖啡	b
instant coffee	速溶咖啡	i
blue mountain coffee	蓝山咖啡	b
tea	茶	t
cold water	冰水	c
mineral water	矿泉水	m
purified water	纯净水	p
soft drink	软饮料	s
menu	菜单	m
vegetable	蔬菜	v
tomato	番茄，西红柿	t

asparagus	芦笋	a
cucumber	黄瓜	c
aubergine/eggplant	茄子	a
bean	豆	b
beet	甜菜	b
pimiento	甜椒	p
potato	马铃薯	p
carrot	胡萝卜	c
cauliflower	菜花，花椰菜	c
pumpkin	南瓜	p
broad bean	蚕豆	b
cabbage	圆白菜，卷心菜	c
garlic	蒜	g
chive	细香葱	c
fennel	茴香	f
marrow	西葫芦	m
melon	香瓜，甜瓜	m
mushroom	蘑菇	m
celery	芹菜	c
onion	洋葱	o
leek	韭菜	l
radish	小萝卜	r
tarragon	龙蒿	t
broccoli	西兰花	b
brussels sprout	球芽甘蓝	b
chicory	菊苣	c
cress	水芹	c
French bean	法国菜豆	F
kohlrabi	球茎甘蓝，大头菜	k

lettuce	生菜，莴苣	l
cos lettuce	直立莴苣，长叶生菜	c
pea	豌豆	p
turnip	芜菁	t
watercress	豆瓣菜	w

高频考点5 预订餐厅
Restaurant Booking

letter of confirmation	书面确认	l
letter of application	申请信	l
deposit	订金	d
bring snacks	带零食	b
coffee break	喝咖啡休息时间	c
tea break	喝茶休息时间	t
suggested amount	建议的量	s
toll	停泊费	t

高频考点6 准备
Preparation

coffee maker	咖啡机	c
stereo	立体声音响	s
printer	打印机	p

高频考点7 会议安排
Meeting Requirements

president	主席	p
organizer	组织者	o
participant	与会人员	p
delegate	代表团成员	d
representative	代表	r
session chairman	会议主席	s
annual	年度的	a
opening speech	开幕词	o
closing speech	闭幕词	c
session	会议	s
interval	中间休息	i
environmental conservation	环境保护	e
information desk	服务台，问询处	i
reception desk	接待处	r
front desk	前台	f
service desk	服务台	s
agenda	议事日程	a
schedule	日程安排	s

scheme	安排	s
hall	大厅	h
foyer	门厅，大堂	f
auditorium	会堂，报告厅	a

第五高频常考场景　校园生活之图书馆场景
Campus Library

场景细分

1	学生申请办理借书卡时与管理员的对话
2	学生向管理员咨询借书程序、借书要求时的对话
3	图书管理员介绍馆内设施
4	图书管理员对图书馆管理规定和程序进行介绍
5	图书管理员对场馆位置、功能设置进行介绍

场景文化解析

图书馆对于国内学生来说并不陌生，然而国外图书馆的一些规则和程序与国内图书馆是不一样的，包括开放时间、办理手续及对需提交证件和押金的要求，以及使用电脑预订的方式和学生的权限。不同学生(如：本地学生、非本地学生、外国留学生、社会在职人员等)需要提交的证件、借阅费用（是否承担部分图书馆建设费)，还有借阅权限、期限都是不同的——由此产生了可以通过"方向层面考核反应力"的方式进行考核的多个考点，考试题目场景丰富，听力原文语言生动。

高频考点1 馆内设施
Indoor Facilities

information desk	服务台，问询处	i
reception desk	接待处	r

return area	还书区	r
circulation desk	图书借还台	c
restroom	洗手间	r
locker	寄物柜	l
cloakroom	衣帽间	c
conference room	会议室	c
seminar room	研讨室	s
meeting room	会议室	m
photocopying room	影印室	p
self-access room	自习室	s
self-taught room	自习室	s
typewriter room	打字室	t
audio-visual resource centre	音像资料室	a
micro-computer lab	微机实验室	m
laboratory	实验室	l
reference section	参考书库	r

文化点滴

在悉尼大学，教学楼、图书馆里还设有一个"博物馆"。另外，在门口给学生和访问学者提供帮助的通常是学生志愿者，所以volunteer一词也常常成为考点。馆内设施是重要的考点，基本上在每个考过的图书馆场景中都会涉及。这些既是考点，又是学生在国外学习需要熟悉的实际情境。

touchscreen information service	触摸屏查询服务	t
micro-film	微型胶卷	m
specialist library	专业图书馆	s
subject	科目	s
facility	设备	f
word processor	文字处理机	w

loan desk	借书处	l
copier	复印机	c
narrow down	更专于一个主题	n

高频考点2 书目

Catalogues

bibliography	参考书目，参考文献	b
catalogue	目录	c
prescribed textbooks	指定教材	p
current issue	现期刊物	c
back issue	过期刊物	b
current magazines	现期杂志	c
abstract	摘要	a
index	索引	i
narrow down	缩小查询范围	n
subject	科目	s
title	标题，书名	t

title index	书目检索	t
author	作者	a

考试点滴

在国外留学，学生常常需要查阅课题研究资料，因此迅速检索文献是必备的能力之一，相关的英语表达是雅思听力测试中重要的考点。

local newspaper	地方报纸	l
publication date	出版日期	p
periodical	（学术）期刊	p
journal	杂志，期刊	j
fiction	小说	f
bound periodical	期刊合订本	b
reference book	参考书	r
notice board	宣传栏	n
bulletin board	公告栏	b
newsletter	（电子）简报	n
direct mail	直邮信件	d
(popular) course book	（热门）教科书	p
encyclopedia	百科全书	e
publication	出版	p
street map	街区图	s
special interest	特别兴趣	s
supplementary reading material	补充阅读材料	s
advanced	高级	a
intermediate	中级	i
fundamental	基础类	f
elementary	初级	e
preliminary	预备级	p

高频考点3 音像资料
Audio and Video Materials

action	动作片	a
comedy	喜剧片	c
musical	音乐剧	m
westerns	西部片	w
romance	爱情片	r
science	科幻片	s

考试点滴

资料的分类常常在图书馆对话场景中以“方向层面考核听力反应力”的考查方式出现。

wildlife	野生动物片	w
documentary	纪录片	d
cassette/tape	磁带，录像带	c
disk/disc	光盘	d
audio player	音频播放器	a
video player	视频播放器	v
headphone	耳机	h
audio lab	语音实验室	a
CD-ROM	只读光盘	C
satellite TV receiver	卫星电视接收器	s

高频考点4 管理规则
Rules and Regulations

signposted by green arrows	由绿色箭头标示	s
closed reserve	只能读不能借走，馆内阅览	c
for reference only	只能参考不能借走	f
get the hold of	预借（图书）	g
put on a hold for	预订（图书）	p
pay fines	支付罚款	p
extra fee	额外费用	e
refund	退款	r

高频考点5 办理要求
Requirements

registration fee	注册费	r
bank statement	银行对账单	b
passport	护照	p
identification card	身份证	i
driving license	驾照	d
passport-sized photo	护照大小的照片	p
magnetize	上磁	m
demagnetize	消磁	d
in capital letter	用大写字母	i
inter-library card	图书馆间通用卡	i

考试点滴

对费用交付及证明证件等信息的考查不只限于图书馆场景，在很多其他场景中也会考查到，是一个高频考点。

高频考点6 服务项目
Services

library service	图书馆服务	l
renew	续借	r
be due	到期	b
date of expiry	到期日	d
overdue	过期	o
out on loan	已借出	o
put a reserve / reserve	预订借阅	p
inter-library service	图书馆之间的服务	i
a telephone request	电话订书	a
loan period	借期	l
extension	延期	e
librarian	图书管理员	l
check out	借出	c
magnetically coded	用磁条编号码	m
post or courier	邮寄还是送来	p
membership	会员制	m
residential number	住宅号码	r
normal loan period	正常借期	n
two-week extension	延期两周	t
money order	汇票	m
government archives	政府档案馆	g

高频考点7 校园设施
Campus Facilities

welfare officer	福利事务管理员	w
social facilities	公共设施	s
student union building	学生会大楼	s
charities	慈善事业	c
ticket shop	售票处	t
venue	地点	v
site	场所，地点	s
cafeteria	校园自助餐厅	c
canteen	食堂，餐厅	c
dining room	学校餐厅	d
assistantship	助教奖学金，助教职务	a
medical centre	医疗中心	m
college clinic	校园诊所	c
counseling centre	咨询中心	c
legal problem	法律问题	l
leisure activities	休闲活动	l
shopping mall	购物中心	s
hi-tech fitness centre	高科技健身中心	h
ice-skating facilities	滑冰设施	i
squash	壁球	s
badminton	羽毛球	b

indoor sports	室内运动	i
main square	大广场	m
theatre	剧院	t

高频考点8 学生 Students

resident student	住校生	r
local student	当地学生，本地生源	l

考试点滴

对于不同的学生，学校的收费规定和政策是不同的，这在考试中也是一个考点，主要以“方向层面考核反应力”的方式出现在雅思听力测试中。学校给予本地学生比较优惠的价格，而对非本地、非本州、非本国的学生则会附加其他的要求和额外的费用，对虽是本国人但已经工作的人员也有不同要求。这些都是考查的内容。

international student	留学生	i
exchange student	交换学生	e
overseas student	留学生	o
student in state	州内学生	s
student out of state	州外学生	s
off-campus student	走读生	o

第六高频常考场景　校园生活之课业及活动场景
Academic Studies and Extra-Curricular Activities

场景细分

1	学生之间关于教授布置的作业的讨论
2	学生之间对于课题完成、演讲选材、实验材料的讨论
3	学生与教授之间关于作业要求的对话
4	学生咨询教授、请求建议及帮助的对话

题目考点

课程作业词汇、讲话者身份词汇、课题项目词汇、
使用材料词汇、效果评论词汇、意见发表等

高频考点1 作业
Assignments

考试点滴

作业是学生之间，学生与教授之间永恒不变的话题，这也是校园学术生活的重要组成部分。在雅思考试和托福考试中都会考到关于作业要求、作业建议、学生对于教授评分的意见、学生请求教授宽限完成作业期限以及学生向教授咨询学术方面的准备。

考点细分(1) 作业种类 Types of Assignments

assignment	作业	a
journal	每周作业	j
homework	作业	h
paper	论文	p
essay	论文	e
thesis	毕业/学位论文	t
dissertation	(博士)毕业/学位论文	d
research paper	研究论文	r
course work	课程论文，学年作业	c
group discussion	小组讨论	g
presentation	针对专题进行的发言演示(西方上课方式)	p
demonstration	针对专题进行的示范演示(西方上课方式)	d
project	学生独立完成的科研项目	p

考点细分(2) 课程 Courses

考试点滴

选课方式、注册、选修以及学分的获得都常常出现在对话场景和讲座场景中。在学生之间的对话及教授介绍性的演说中，具体的程序、要求、注意事项都会成为考点，这些也常常是考生理解上的瓶颈。

enrolment	登记	e
registration	注册	r
enlist	注册，参加	e
drop out	退课	d

application form	申请表	a
optional/elective course	选修课	o
required/compulsory course	必修课	r
bird course	轻松的课程	b
course arrangement	课程安排	c
letter of recommendation	推荐信	l
programme/program	某一专业的课程总称	p
English proficiency	英语流利程度	E
participation	出勤	p
attendance	出勤	a
absenteeism	旷课	a

考点细分(3) 院校及学位 Departments and Degrees

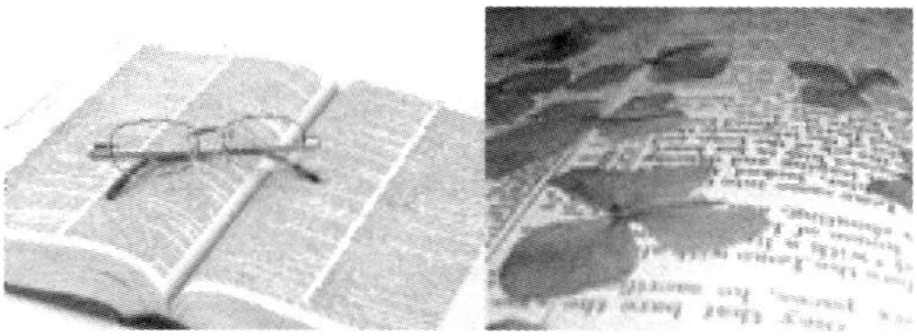

school	学院	s
graduate school	研究生院	g
undergraduate	本科生	u
postgraduate	研究生	p
School of Arts and Sciences	文理学院	S
score	分数，成绩	s
grade	分数，成绩等级	g
mark	分数	m
rate the peers	给同学打分	r
credit	学分	c
degrees	学位	d

diploma	文凭，学位证书	d
assessment	对学习情况的评定	a
bachelor's degree	学士学位	b
master's degree	硕士学位	m

考点细分(4) 资料 Information

handout	(发给学生的)课堂讲义	h
giveout	上课资料	g
reference book	参考书目	r
research	研究	r
study	研究	s
deadline	最后期限	d
poll	民意调查	p
survey	调查	s
hypothesis	假设	h
statistics	统计	s
statistically valid	统计学上有效的	s
data/datum	数据	d
investigation	(正式的)调查	i
quantitative	数量的，定量的	q
significant difference	显著的差异	s
interview	访谈	i
respondent	(尤指)调查对象	r
interviewee	受访者	i
questionnaire	调查问卷	q

multiple choice questions	多项选择题	m
analyze/analyse data	分析数据	a
result	结果	r
conclusion	结论	c
interpretation	解释，阐释	i
opinion	意见，看法	o

高频考点2 讲话者
Speakers

考点细分(1) 校方工作人员 Staff

coordinator	协调人员	c
student officer	学生办公室人员	s
office hour	教授与学生面谈的时间	o

考点细分(2) 校方教辅人员 Faculties

faculty	全体教师	f
instructor	教师	i
professor	教授	p
associate professor	副教授	a
assistant professor	助理教授	a
TA（Teaching Assistant）	助教	T
research assistant	研究助理	r

lecturer	讲师	l
tutor	导师	t
mentor	导师	m
helper	辅导人员	h
course convener	课程辅导员	c
director	主任	d
supervisor	督学	s
faculty head	系主任	f
headmaster	（尤指私立学校的）男校长	h
headmistress	（尤指私立学校的）女校长	h
dean	（大学学院）院长，教务主任	d
president	校长	p
chancellor	名誉校长	c
principal	（中学）校长	p

考点细分（3）校方咨询顾问/专家/学者 Counsellors and Scholars

counsellor	咨询顾问	c
consultant	顾问	c
advisor/adviser	顾问	a
mentor	有经验可信赖的顾问	m
helper	提供帮助的顾问	h
participant	参加者，与会者	p
guest speaker	嘉宾讲话者	g
expert	专家	e

scholar	学者	s

考点细分(4) 宿舍 Dormitories

dorm-mate	合住宿舍的人	d
roommate	室友	r
flatmate	合住公寓的人	f
housemate	合租房子的人	h
classmate	同学	c
schoolmate	校友	s
team mate	队友	t
floor senior	宿舍楼层管理员	f
floor coordinator	宿舍楼层协调员	f
dorm president	宿舍管理员	d

高频考点3 讲座
Lectures

考试点滴

从开学第一天起，学校就会安排一系列的讲座。西方人最擅长公众演讲和介绍性演说，其中就包括常见的“orientation talk”(迎新讲座)。在我们国家，这些演讲形式比较少见，我们需要熟知相关的英语表达。

orientation talk	迎新讲座	o
opening speech	开幕词	o
closing speech	闭幕词	c
health issue	健康问题	h
study matters	学习问题	s
dietary problem	饮食问题	d

高频考点4 发放的资料

Handouts

notice	通知	n
booklet	小手册	b
handbook	资料手册	h
guidebook	指导手册	g
brochure	小册子	b
prospectus	（学校的）简章，简介	p
information package	信息包	i
welcome package	学生宿舍里桌上摆放的信息包	w
folder	文件夹	f

高频考点5 校内设施
Campus Facilities

考试点滴

要掌握学校校园内的设施、办公楼和教学楼的名称，因为这些在雅思听力测试中经常会考到，比如地图题就经常会考查此类名称。

考点细分(1) 行政办公和学术教学设施
Administration and Teaching Facilities

campus	校园	c
common room	〈英〉师生公用的休息室	c
teaching building	教学楼	t
lecture theatre	大教室，阶梯教室	l
auditorium	礼堂，会堂	a
administrating office	行政办公室	a
laboratory/lab	实验室	l
art studio	艺术中心	a
student union	学生会	s
administration building	行政大楼	a
self-access room	自习室	s
self-taught room	自习室	s
staff room	员工休息室	s
language centre	语言中心	l
computer lab	计算机实验室	c
main hall	大礼堂	m
auditorium	报告厅	a
lecture room	报告厅	l
conference centre	会议中心	c
academic conference hall	学术会议厅	a

考点细分（2）日常生活和活动设施 Facilities

living quarters	宿舍区	l
student accommodation	学生宿舍	s
sports facilities	运动设施	s
swimming pool	游泳池	s
art studio	艺术中心	a
entertainment centre	娱乐活动中心	e
campus theatre	校园剧院	c
squash courts	壁球馆	s
tennis courts	网球馆	t
dance studio	舞蹈中心	d
leisure centre	休闲中心	l
parking lot	停车场	p
parking metre	停车计价器	p
student bank	学生银行	s
school square	学校广场	s
storeroom	储物室	s
parking place	停车地点	p
parking regulations	停车规定	p
college clinic	大学诊所	c
counseling centre	咨询中心	c
fitness room	健身中心	f
paper shop	文具店	p
stationery	文具	s

考点细分(3) 校园餐吧与校园饮食 Places to Eat

refectory	食堂	r
canteen	餐厅	c
dining hall	食堂	d
cafeteria	自助餐厅	c
diner	小餐馆，小饭店	d
coffee	咖啡	c
black coffee	黑咖啡	b
white coffee	加牛奶的咖啡	w
instant coffee	速溶咖啡	i
blue mountain coffee	蓝山咖啡	b
flavor	味道	f
aromatizer	香料	a
coffee pot	咖啡壶	c
caffeine	咖啡因	c
coffee break	喝咖啡休息时间	c
dairy	奶制品	d
butter	黄油	b
yogurt	酸奶	y
liquor	烈性酒	l
alcoholic	含酒精的	a
doughnut	面包圈	d

toast	吐司	t
cereal	谷类食物，燕麦片	c
pastry	糕点，面点	p
salad	沙拉	s
mutton	羊肉	m
sea food	海鲜	s
calorie	卡路里	c
convenience food	方便食品	c
malnourished	缺营养的	m
sour	酸的	s
sweet	甜的	s
bitter	苦的	b
spicy	辣的	s
canned	罐装的	c
cuisine	菜肴	c
recipe	食谱	r
bakery	面包房	b
appetizer	开胃菜	a
dessert	甜品	d
snack	零食	s
refreshment	茶点	r
speciality	特色菜	s

高频考点6 校园活动项目
Campus Activities

drama	戏剧	d
indoor sports	室内运动	i
outdoor sports	户外运动	o

badminton	羽毛球	b
squash	壁球	s
martial arts	武术	m
aerobics	有氧操	a
ballet	芭蕾	b
yoga	瑜伽	y
judo	柔道	j
club	学生俱乐部	c
society	学生社团	s

高频考点7 校园教育模式
Educational Summary

basic framework	基本框架	b
efficiency in school management	校园管理效率	e
input in education	教育投入	i
optimize the teaching staff	优化教师队伍	o
practice regional planning	实行分区规划	p
communal participation	社会参与	c

incoming labor force	新增劳动力	i
pre-service education	职前教育	p
job-specific training	岗位培训	j
professional ethics	职业道德	p
key disciplinary areas or priority fields of study	重点学科或优先研究领域	k
literacy class	扫盲班	l
enrollment	注册人数	e
age bracket	年龄段	a
inculcate	反复灌输	i
Project Hope	希望工程	P
school-ager	学龄儿童	s
exhaustion of human resources	人才枯竭	e
school dropout/leaver	失学青少年	s
foundation	基金会	f
service trade	服务性行业	s
on-the-job/in-service training	在职培训	o
International Labor Organization	国际劳工组织	I
the fundamentals	基础科学	t
the credit system	学分制	t
the trimester system	三学期制	t
a double BA degree system	双文学学士制	a
demonstration pilot project	示范试点	d
incorporate	结合，使并入	i
mobilize	动员	m
tax revenue	税收	t
multi-disciplinary	多学科的	m
key university	重点大学	k
confer	授予（学位等）	c

be authorized to do...	被授权做…	b
centre for post-doctoral studies	博士后科研流动站	c
speciality	专业	s
patriotic personage	爱国人士	p
National Invention Prize	国家发明奖	N
financial allocation	财政拨款	f
semiliterate / functional illiterate	半文盲	s
account for ...%	占百分之…	a
full-time teacher	专职教师	f
data centre	资料中心	d

高频考点8 教育分类
Education Category

universal education	普及教育	u
compulsory education	义务教育	c
free education	免费教育	f
preschool education	学前教育	p
elementary education	初等教育	e
secondary education	中等教育	s
higher/tertiary education	高等教育	h
general education	普遍教育	g
adult education	成人教育	a
institution of higher education	高等学校	i
comprehensive university	综合性大学	c

university of liberal arts	文科大学	u
colleges of art	文科院校	c
normal/teachers' university	师范大学	n
teachers' college	师范学院	t
polytechnic university	理工大学	p
engineering institute	工学院	e
agricultural university	农业大学	a
agricultural college	农学院	a
medical university	医科大学	m
medical college/school	医学院	m
institute of traditional Chinese medicine	中医学院	i
conservatory of music	音乐学院	c
academy of fine arts	美术学院	a
physical culture institute	体育学院	p
branch school	分校	b
key school	重点学校	k
spare-time school	业余学校	s
correspondence school	函授学院	c
night school for adults	成人夜校	n
part-work and part-study school	半工半读学校	p
vocational school	职业学校	v
attached middle school	附中	a
in-service training course	在职进修班	i
class for advanced studies	进修班	c
short-term training course	短训班	s
special (training) course	专修课程	s
self-taught examination	自学考试	s

高频考点9 教职工、学生
Faculty, Staff and Students

teaching and administrative staff	教职员工	t
faculty / teaching staff	教学人员	f
president / chancellor	校长	p
dean of studies	教务长	d
chairperson	主席	c
vice-chairman	副主席	v
professor	教授	p
associate professor	副教授	a
visiting professor	客座教授	v
guest professor	客座教授	g
lecturer	讲师	l
assistant	助教	a
full-time teacher	专职教师	f
part-time teacher	兼职教师	p
teaching group	教学组	t
staff room	教员休息室，教研室	s
common room	公共休息室	c
Alma Mater	母校	A
alumnus/alumni	(男)校友	a
alumna/alumnae	(女)校友	a
students' union/association	学生会	s
non-resident student	走读生	n
boarder	住校生	b
auditor	旁听生	a
graduate student	研究生，毕业生	g

postgraduate (student)	研究生	p
graduating student	应届毕业生	g
this year's graduate	应届毕业生	t
pupil	小学生	p

第七高频常考场景　校园生活之银行服务
Banking Services On Campus

考试特点

听力测试Section 2以及Section 4的独白演讲中通常会出现银行方面的场景，主要向学生介绍他们应提供的银行证明文件，说明银行服务项目以及设备设施的使用情况等。

高频考点1 服务项目
Services

student banking	学生金融服务	s
campus banking service	校园银行服务	c
automatic teller machine	自动取款机	a
transfer	转账	t
interest rate	利率	i
exchange rate	汇率	e
deposit	储蓄，押金	d
low-interest loan	低息贷款	l
overdraft	透支	o

高频考点2 账户
Accounts

open an account	开户	o
joint account	联名账户	j
separate account	独立账户	s
saving account	储蓄账户	s
cash account	现金账户	c
current account	活期存款账户	c
money order	汇票	m
interest free	免息	i
financial	财务的	f
grant	助学金，补助金	g
no-interest loan	免息贷款	n
childcare	儿童看护	c
healthcare	医疗保健	h
nursing	护理	n
outings	外出旅行	o

高频考点3 要求提交的文件
Required Documents

bank statement	银行对账单，银行证明	b
provide evidence	提供证明	p
individual circumstances	个人情况	i
financial circumstances	财务状况	f
documentation	证明文件	d
identification card	身份证	i
signature	签名	s
cash card	现金卡	c

高频考点4 学生注册
Enrollment

考点细分(1) 注册要求 Enrolling Requirements

enrollment	注册，入学	e
enlist	注册，参加	e
register	登记，注册	r
drop out	退学	d
placement test	入学分级测试	p
grant	助学金，补助金	g
fee	费用	f
tuition	学费	t
attendance	出席，参与	a

考点细分(2) 银行专业术语 Banking Terminology

issuing bank	发卡银行	i
annual fee	年费	a
credit line/limit	信用额度	c
interest rate	利率	i
annual interest rate	年利率	a
monthly statement	月结单	m
balance transfer	信用卡余额结转	b
available credit line/limit	可用信用额度	a

point	红利积分	p
cash advance	预借现金	c

考点细分(3) 银行卡 Bank Cards

activate a card	激活卡	a
reward program	回馈方案	r
credit card	信用卡	c
affinity card	慈善信用卡	a
platinum card	白金卡	p
student card	学生卡	s
preferred card / gold card	金卡	p
value card	储值卡	v
classic card	普通卡	c
co-branded card	联名卡	c
supplementary card	附属卡	s
debit card	借记卡	d
ATM card	银行卡	A
charge card	签账卡	c
cash advance card	现金卡	c
corporate card	商务卡，公司卡	c

第八高频常考场景　校园生活之校园讲座、讲课
Academic Lectures

高频考点1 课程
Course Information

考试特点

雅思考试中的学术场景常常考到课程的安排（如修课类型及建议），课程的种类以及有关注册和退课、换课的规定。由于这些内容在实际中的应用是比较灵活的，所以在考试中出现的形式也是丰富多样的。

考点细分（1）课程 Course Details

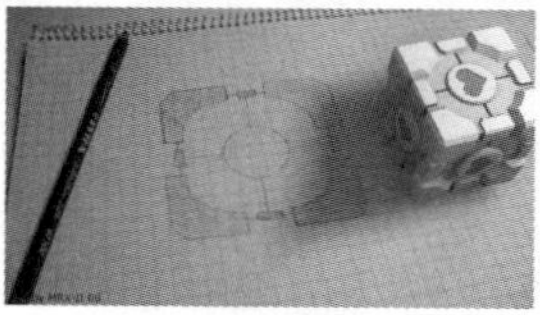

course arrangement	课程安排	c
course requirement	课程要求	c
course description	课程介绍	c

考点细分（2）课程类型 Course Types

compulsory course	必修课	c
optional course	选修课	o
open class	公开课	o
curriculum	课程表，全部课程	c
a required course	必修课	a
an elective course	选修课	a

basic course	基础课	b
specialized course	专业课	s

考点细分(3) 教学大纲 Syllabuses

school timetable	课程表	s
extra-curricular activity	课外活动	e
instruction after class	课外辅导	i
outside reading	课外阅读	o
class discussion	课堂讨论	c
seminar	研讨会，研修课	s
teaching program	教学计划	t
syllabus	教学大纲	s
content of courses	教学内容	c
period of schooling	学习年限	p
record of formal schooling	学历	r
school/academic year	学年	s
(school) term; semester	学期	s

考点细分(4) 成绩及分制 Marking Systems

credit	学分	c
mark	分数	m
grade	分数，成绩等级	g
5-grade marking system	五分制	5
100-mark system	百分制	100
academic record	学习成绩	a
school record	学习成绩	s
school report	成绩单	s
report card	成绩单	r
transcript	成绩单	t

考点细分（5）论文 Essays

thesis	毕业论文	t
dissertation	学位论文	d
graduation field work	毕业实习	g
graduation ceremony	毕业典礼	g
diploma	文凭，学位证书	d
graduation certificate	毕业证书	g
graduation appraisal	毕业鉴定	g
make-up examination	补考	m
resit	补考	r

考点细分(6) 助学金及各项费用 Scholarships and Fees

grants	助学金	g
monetary grants	助学金	m
assistantship	助教奖学金	a
fellowship	(研究生)奖学金	f
scholarship	奖学金	s
bursary	(尤指大学的)奖学金	b
stipend	薪金	s
subsidy	补贴，补助金	s
financial aid/assistance	资助	f
a grant-aided student	领取助学金的学生	a
tuition (fee)	学费	t
board expenses	伙食费	b
food allowance	伙食补助	f
living expenses	生活费	l
incidental expenses	学杂费	i

高频考点2 学生
Students

考点细分(1) 在校生和毕业生 Undergraduates and Graduates

graduate	研究生，毕业生	g
graduate student	研究生	g
undergraduate	本科生	u
postgraduate	研究生	p
bachelor	学士	b
associate bachelor	专科生	a
master	硕士	m
degree	学位	d
diploma	文凭，学位证书	d
dropout	退学或退课的人	d
representative	代表	r
delegate	代表团成员	d
student leader	学生干部	s
freshman	大学一年级新生	f
sophomore	大学二年级学生	s
junior	大学三年级学生	j
senior	大学四年级学生	s
underclassman	大学一、二年级学生	u
upperclassman	大学三、四年级学生	u
exchange student	交换学生	e
overseas student	留学生	o
fellow student	同学，〈美〉领取奖学金的研究生	f

考点细分(2) 在校承担工作的学生 Staff Members

TA (teaching assistant)	助教(以研究生为主)	T
peer adviser	高年级学生顾问	p
floor senior	宿舍楼负责人(高年级学生)	f
student union officer	学生会工作人员	s
president of student union	学生会主席	p
vice-president of student union	学生会副主席	v

高频考点3 考试
Exams

attendance	出勤，出席	a
play hooky	逃学	p
play truant	逃学，旷课	p
deadline	(交作业)截止日期	d
extension	(无法按时交作业)延期	e
academic dishonesty	学术欺诈行为	a
plagiarism	剽窃，抄袭	p
cheating	考试作弊	c
double submission of papers	论文重复使用	d
aiding and abetting dishonesty	协助学术欺诈	a

fabrication	伪造成绩	f
falsification of records	篡改成绩	f
placement test	入学分级测试	p
mid-term exam	期中考试	m
final exam	期末考试	f
open-book exam	开卷考试	o
subjective test	主观性测试	s
objective test	客观性测试	o
pop quiz	随堂测验，抽查式测试	p

高频考点4 讲座及调查统计
Lectures and Surveys

lecture	讲课，讲座	l
take notes	记笔记	t
group discussion	小组讨论	g
tutorial topics	讨论题目	t
duration of presentation	报告持续时间	d
questionnaire	调查问卷	q
respondent	被调查者	r
attendant	出席者	a
participant	参与者	p
applicant	申请者	a
candidate	申请者，攻读学位者	c

高频考点5 学术研究课题
Academic Studies

commercially grow	商业性种植	c
session	部分	s
informal	非正式	i
formal	正式的	f
choose your topic	自选题目	c
bibliography	参考书目，索引	b
draft	草稿	d
technical subject	技术课题	t
plan	规划	p
module	模块，组件	m
seminar	研讨会，研修课	s
graphics	图像	g
flow chart	流程图	f
a brief account	简要介绍	a
a brief rundown	概要	a
discipline	纪律，规定	d

高频考点6 作业
Assignments

assignment	作业	a
journal	每周作业	j
tutorial	小组讨论作业	t
paper	论文	p
essay	散文	e

thesis	论点，论文	t
dissertation	学位论文	d
research paper	研究论文	r
course work	课程论文，学年作业	c
homework	作业	h
photocopy	复印件	p
poll	民意调查	p
survey	调查	s
investigation	（正式的）调查	i
statistics	统计	s
research project	研究题目	r
tutorial paper	研究论文	t
heavy load	作业量多	h
big assignment	重要作业	b

高频考点7 作业要求
Assignment Requirements

dateline/deadline	截止日期	d
expiry date	到期日	e
hand in date	按时交	h
review the draft	检查初稿	r
submit	上交（作业）	s
turn in	交（作业）	t
extension	延期	e
word limit	字数限制	w
presentation	课堂展示	p
demonstration	课堂示范	d
speak before class	在课堂上发言	s

label	标记	l
mark	标志	m
information source	信息来源	i
rough picture	草图	r
write up	写作	w
enroll	注册	e
register	登记，注册	r
course requirement	课程要求	c
exemption	免修课	e
theoretical	理论的	t
read conclusion	阅读结论	r
small-scale study	小范围的研究	s
special features	特色	s

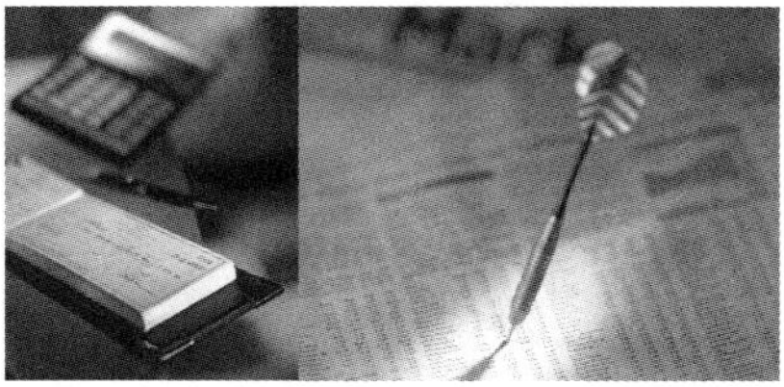

高频考点8 学习中遇到的困难
Special Needs

pose a question	提出问题	p
design	设计	d
meet lecturer	见讲师	m
individual guidance	单独辅导	i
limited value	价值有限	l
due	到期	d
ask for extention	请求延期	a

高频考点9 学术课程难度级别
Academic Levels

general	一般的	g
academic	学术的	a
preliminary	初级的	p
beginners' class	初级班	b
semester	学期	s
term	学期	t
credit hours	学分课时	c
intermediate level	中等水平	i
vantage	中级	v
higher	高级	h
advanced	高级	a
grammar	语法	g
writing	写作	w

考点细分 补充 **Additional Information**

hypothesis	假设	h
statistics	统计	s
statistically valid	统计学上有效的	s
data/datum	数据	d
quantitative	数量的，定量的	q
significant difference	显著的差异	s
interview	访谈	i
interviewee	受访者	i
multiple choice questions	多项选择题	m

analyze/analyse data	分析数据	a
result	结果	r
conclusion	结论	c
interpretation	解释，阐释	i
opinion	意见，看法	o

高频考点10 学科
Academic Subjects

Literature	文学	L
Philosophy	哲学	P
Physics	物理学	P
Mathematics	数学	M
Geography	地理	G
Electronics	电子学	E
Astronomy	天文学	A
Botany	植物学	B
Zoology	动物学	Z
History	历史	H
Art	艺术	A
Sociology	社会学	S
Linguistics	语言学	L
Psychology	心理学	P
Engineering	工程学	E

Architecture	建筑学	A
Business	商务	B
Law	法学	L
Economics	经济学	E
Finance	金融学	F
Accounting	会计学	A
Banking	银行学	B
Chemistry	化学	C
Biochemistry	生物化学	B
Oceanography	海洋学	O
Ecology	生态学	E
Medical Science	医学	M
Archaeology	考古学	A
Anthropology	人类学	A
Statistics	统计学	S

高频考点11 文具
Stationery

stationery	文具	s
glue	胶水	g
string	绳子	s
tape	胶带	t
battery	电池	b
electric	电的	e
clip	回形针；夹子	c

高频考点12 教育 Education

考点细分(1) 学前教育 Pre-School Education

day school	日托所	d
day nursery	日托所	d
preschool	幼儿园，托儿所	p
kindergarten	幼儿园，学前班	k

考点细分（2）小学教育 Primary Education

primary school	小学	p
elementary school	小学	e
grade school	小学	g
grammar school	〈古〉小学	g

考点细分（3）中等教育 Secondary Education

secondary school	中学	s
high school	〈美〉中学	h
junior high school	初中	j
senior high school	高中	s

考点细分（4）学校性质 School Types

public school	公立学校	p
private school	私立学校	p
technical school	技校	t

vocational school	职业学校	v
boarding school	寄宿制学校	b
night school	夜校	n

考点细分（5）成人院校及大学 Colleges and Universities

adult school	成人进修学校	a
college	高等专科学校，〈英〉学院，〈美〉大学	c
state college	〈美〉政府资助的州立大学	s
junior college	两年制专科学校	j
residential college	寄宿制大学	r
community college	社区大学	c
land-grant college	政府资助的低学费大学	l
rural cooperative	农村合办的	r

考点细分(6) 教育等级 Education Levels

pre-school education	学前教育	p
pre-elementary education	学前教育	p
elementary education	小学教育	e
primary education	基础教育	p
secondary education	中等教育	s
tertiary education	高等教育	t
higher education	高等教育	h
public education	公立教育	p
private education	私立教育	p
adult education	成人教育	a
continuing education	成人继续教育	c
university	综合性大学	u
multiversity	〈美〉巨型学院，多科性大学	m
graduate school	研究生院	g

高频考点13 研究物品
Lab Materials

clip	回形针，夹子	c
rock salt	岩盐，矿盐	r
string	绳子	s
can	铝罐，易拉罐	c
hand drill	手钻	h
nail	钉子	n
ounce	盎司	o
lid	盖子	l
dome	圆顶	d

flange	边缘	f
scored opening	易拉罐开启处	s
tab	小拉环	t
seal	封口	s
edge	边	e
grow hillside	长在山坡上	g
grow uphill	长在山坡上	g
ripe	成熟	r
a jar of water	一罐子水	a
pin/needle	大头针	p
cardboard	硬纸板	c
coloured pens	彩笔	c

第九高频常考场景 方向地图题
Directions and Maps

考试特点

在雅思听力的Section 1，Section 2和Section 3通常会有4~5道方向地图题。听清方向关系词对做题起着关键作用，考生要熟悉雅思方向地图题的语言与题目配合的方法。

高频考点1 指路
Giving Directions

nearby	在…附近	n
go straight across/through	径直穿过	g
cross over	通过	c
next to	在…旁边	n
turn left/right	向左/右转	t
go up/down the street	顺着这条街往前走	g
go back	后退	g
go east/west/south/north	向东/西/南/北走	g
go along... till you meet...	一直走，直到看到…	g
on one's left/right	在…左/右边	o
be the first/second from the left	从左数第一/二个	b
directly opposite	正对面的	d
be located behind	位于…后面	b
be on the corner of A street and B street	在A街B街相交的一角	b
be in the corner of	在…转角	b

高频考点2 建筑平面图
Architectural Plans

ground floor	一楼	g
wing	配楼	w
annex	配楼	a
basement	地下室	b
twin building	双子楼	t
landmark	地标，标志性建筑	l
block	街区	b
avenue	大街	a
stair	楼梯	s
step	台阶	s

高频考点3 路径
Pedestrian Access

wheelchair access	轮椅专用道	w
aisle	过道	a
intersection/crossroad	十字路口	i
a fork on the road	岔路口	a
a T-road	丁字路口	a
junction	（公路或铁路的）连接路口	j
clover-leaf junction	立交桥	c
overhead bridge	过街天桥	o

高频考点4 路线
Routes

zebra crossing	斑马线	z

traffic regulation	交通规则	t
guide post	路标	g
milestone	里程碑	m
single line	单行线	s
double white lines	双白线	d
dual carriage-way	双程线	d
zebra stripes	斑马线	z
traffic line marker	车道画线机	t
artery traffic	交通干线	a
carriage-way	车行道	c
lane auxiliary	辅助车道	l
two-way traffic	双车道	t
cyclists only	仅限自行车通行	c
one way only	单行道	o
narrow road	窄路	n
rough road	不平整的路	r
curve/bend road	弯路	c
winding road	连续弯路	w
road junction	道路交叉点	r

高频考点5 道路及交通信息
Road and Traffic Information

mark car stop	停车标志	m
traffic light	交通灯，红绿灯	t
automatic traffic signal light	自动红绿灯	a
red light	红灯	r
green light	绿灯	g
amber light	黄灯	a

traffic post	交通岗	t
police box	警察岗亭	p
traffic police	交警	t

高频考点6 手势及指示牌
Additional Directions and Signs

pantomime	打手势	p
turn left	左转	t
turn right	右转	t
speed limit	速度限制	s
no through traffic	禁止通行	n
no entry	不准驶入	n
no turns	不准掉头	n
safety island	安全岛	s
parking place	停车处	p
private car park	私人停车场	p
public car only	只限公用车	p
restricted stop	禁止停车	r
restricted waiting	不准滞留	r
parking on-street	临街停车	p
parking off-street	街外停车	p
loading off-street	街外卸车	l
caution pedestrian crossing	当心行人	c
caution animals	当心动物	c
road works	道路工程，修路	r
hospital	医院	h
children	儿童	c
careless pedestrian	粗心的行人	c

高频考点7 国名、城市名
Countries and Cities

英国 the UK

the United Kingdom	英国（大不列颠）	t
Great Britain	英国（大不列颠）	G
London	伦敦	L
England	英格兰	E
Liverpool	利物浦	L
Manchester	曼彻斯特	M
Sheffield	谢菲尔德	S
Birmingham	伯明翰	B
Coventry	考文垂	C
Leeds	利兹	L
Scotland	苏格兰	S
Glasgow	格拉斯哥	G
Edinburgh	爱丁堡	E
Wales	威尔士	W
Cardiff	加的夫	C
North Ireland	北爱尔兰	N
Belfast	贝尔法斯特	B
Ireland	爱尔兰	I
Dublin	都柏林	D

澳大利亚 Australia

Australia	澳大利亚	A
Canberra	堪培拉	C
Queensland	昆士兰州	Q
Brisbane	布里斯班	B
New South Wales	新南威尔士州	N
Sydney	悉尼	S
South Australia	南澳大利亚州	S
Adelaide	阿德莱德	A
Victoria	维多利亚州	V
Melbourne	墨尔本	M
Western Australia	西澳大利亚州	W
Perth	珀斯	P

新西兰 New Zealand

New Zealand	新西兰	N
Wellington	惠灵顿	W

加拿大 Canada

Canada	加拿大	C
Ottawa	渥太华	O
British Columbia	不列颠哥伦比亚省	B
Victoria	维多利亚市	V

Vancouver	温哥华	V
Alberta	艾伯塔省	A
Edmonton	埃德蒙顿	E
Ontario	安大略省	O
Toronto	多伦多	T
Quebec	魁北克省	Q
Montreal	蒙特利尔	M

美国 the USA

the United States of America	美国	t
Washington	华盛顿	W
New York	纽约	N
Boston	波士顿	B
Atlanta	亚特兰大	A
Seattle	西雅图	S
Los Angeles / L.A.	洛杉矶	L
Chicago	芝加哥	C

第十高频常考场景　外貌及特征
Appearances and Features

考试特点

外貌、特征等细节考点在某些场景中会成为人物描述考点，一般是作为细节考点来考查。

高频考点1 外貌
Appearances

beard	大胡子	b
moustache	胡子	m
with a scar	有疤痕	w
a beauty-spot	美人痣	a
with dimple	有酒窝	w
with spots	有痣	w
with wrinkles/lines	有皱纹	w
brown hair	棕色头发	b
gray/grey hair	灰白头发	g
with plaits	有辫子	w
ponytail	马尾辫	p
bald	秃头	b
parted on the right side	右偏分	p
pigtail	辫子	p
short hair	短发	s
long hair	长发	l

高频考点2 特征
Features

unshaven	没刮干净的	u
clean-shaven	刮干净的	c
make up	化妆	m
slim and tall	瘦高的	s
weather-beaten face	饱经风霜的脸	w
red cheeks	红脸蛋	r
big nose	大鼻子	b
thick hair	浓密的头发	t
twinkling eyes	有神的眼睛	t
blond	金发的	b
a big smile	笑容可掬	a
a jolly man	快乐的人	a
dyed	染发的	d
straight	直发的	s
wavy	卷发的	w
curly	卷发的	c
neat	衣着干净的	n
untidy	不整洁的	u
swept back	头发向后梳的	s

高频考点3 衣着
Dress

wash-and-wear fabric	免烫织物	w
glasses/spectacles/lens	眼镜	g

contact lenses	隐形眼镜	c
jewellery/jewelry	珠宝首饰	j
formal dress	正式着装	f
suit and tie	西装和领带（指男士的正式着装）	s
casual dress	便装，休闲服饰	c
sports wear	运动服饰	s
jeans	牛仔裤	j
T-shirt	T恤衫	T
loose clothes	宽松服饰	l
tight clothes	紧身服饰	t
top	上衣	t
pullover	套头衫	p
in dark/light red	穿深/浅红色衣服	i
sweater	毛衣	s
leisurewear	休闲服，家常便服	l
stockings	长筒袜	s
down jacket	羽绒服	d
slippers	拖鞋	s
sneakers	运动鞋	s
gym shoes	运动鞋	g
jogging shoes	慢跑鞋	j
accessory	（衣服的）配饰	a
ivory	象牙（制品）	i
pearl	珍珠	p
brooch	胸针	b
souvenir	纪念品	s
shampoo	洗发水	s
clothes	衣服	c
costume	衣着，服装	c
garment	服装	g

高频考点4 体形
Shape Description

fat	胖的	f
thin	瘦的	t
slender	(女人)苗条的	s
slim	苗条的	s
plump	丰满的	p
medium-built	中等身材的	m
well-built	身材很好的	w
broad-shouldered	宽肩膀的	b
overweight	超重的	o
stout	肥壮的	s
stocky	矮而敦实的	s
tall	高的	t
medium weight	中等体重	m
average weight	平均体重	a
below average	体重低于平均水平	b
short	矮的	s
tallish	偏高的	t

高频考点5 年龄
Age

middle-aged	中年的	m
elderly	老年的，年长的	e
old	老年的，年长的	o
in one's 20s	二十多岁	i

in one's late teens	十几岁(指16~19岁)	i
in one's mid-30s	三十几岁(指35岁左右)	i

高频考点6 脸 Face

thin	瘦(脸)的	t
long	长(脸)的	l
round	圆(脸)的	r
square	方(脸)的	s
forehead	前额	f
high cheekbones	高颧骨	h
thin lips	薄嘴唇	t
full lips	厚嘴唇	f
long nose	长鼻子	l
straight nose	鼻子挺直	s
turned-up nose	朝天鼻	t
double chin	双下巴	d
long eyelashes	长睫毛	l
bushy eyebrows	浓眉	b
thin eyebrows	细眉	t
double eyelids	双眼皮	d

高频考点7 肤色 Complexion

pale	肤色浅的	p
sunburned/tanned	晒黑的	s
fair-skinned	皮肤白皙的	f

第十一高频常考场景 其他
Additional Information

高频考点 1 面试 / 求职
Interviews

考试特点

雅思听力测试中的Lecture常常会出现各种“申请场景”，如申请图书馆借书证、申请校园的兼职工作等。

考点细分(1) 空缺职位 Job Vacancies

vacant position	空缺职位	v
post	职位	p
opening	空缺职位	o
vacancy	空缺职位	v
position	职位	p
occupation	工作，职位	o
career	职业	c
professional	职业的，专业的	p

考点细分(2) 被面试者与面试官 Interviewees and Interviewers

applicant	申请者	a
candidate	申请人	c
respondent	回答者，被调查者	r
participant	参与者	p
receptionist	接待员	r
interviewer	面试官	i

interviewee	被面试者	i
personnel manager	人事经理	p
human resources	人力资源	h

考点细分(3)证书与资格 Certificates and Qualifications

subject	学科	s
certificate	证书	c
degree	学位	d
diploma	文凭，学位证书	d
qualification	资历	q

考点细分(4)工作 Types of Work

full-time job	全职工作	f
part-time job	兼职工作	p
cashier	〈英〉出纳员	c
teller	〈美〉出纳员	t
expert	专家	e
specialist	专业人士	s

考点细分(5)薪水 Salaries

commission	佣金	c
salary	薪水	s
wage	(周)工资	w
bonus	奖金，红利	b
benefits	津贴	b

考点细分（6）表格 Application Forms

fill in the form	填表	f
fill out the form	填表	f

考点细分（7）面试 Interview Information

training session	培训会	t
seminar room	研讨室	s
ball room	会议室	b
conference room	会议室	c
meeting room	会议室	m
auditorium	报告厅	a
lecture room	大教室	l
placement test	入学分级测试	p
television channel	电视频道	t
leave it blank	空着不填	l
on average	平均	o
news bulletins board	通知栏	n
comedy shows	喜剧表演	c
good quality stuff	好的素材	g
specific advice	具体建议	s
sound system	音响系统	s
potential customer	潜在客户	p
mailing list	邮寄列表	m

高频考点2 星期和月份
Calendars

考点细分(1) 星期 Weeks

Monday	星期一	M
Tuesday	星期二	T
Wednesday	星期三	W
Thursday	星期四	T
Friday	星期五	F
Saturday	星期六	S
Sunday	星期日	S

考点细分(2) 月份 Months

January	1月	J
February	2月	F
March	3月	M
April	4月	A
May	5月	M
June	6月	J
July	7月	J
August	8月	A
September	9月	S
October	10月	O
November	11月	N
December	12月	D

高频考点3 学术类场景中的动物名称 Fauna

zoology	动物学	z
horse	马	h
mare	母马	m
colt/foal	马驹，小马	c
pony	矮种马	p
thoroughbred	纯种马	t
mustang	野马	m
mule	骡	m
ass/donkey	驴	a
ox	牛	o
buffalo	水牛	b
bull	公牛	b
cow	母牛	c
calf	小牛，牛犊	c
hog	阉猪，肥猪	h
gilt	小母猪	g
piglet	小猪，猪崽	p
sheep	绵羊	s
goat	山羊	g
lamb	小羊羔	l
zebra	斑马	z

antelope	羚羊	a
gazelle	瞪羚	g
deer	鹿	d
reindeer	驯鹿	r
giraffe	长颈鹿	g
camel	骆驼	c
elephant	大象	e
rhinoceros	犀牛	r
hippopotamus	河马	h
cat	猫	c
lion	狮	l
puma	美洲狮	p
leopard	豹	l
tiger	虎	t
wildcat	野猫	w
bison	美洲野牛	b
dog	狗	d
otter	水獭	o
fox	狐	f
wolf	狼	w
squirrel	松鼠	s
dormouse	榛睡鼠	d

beaver	海狸，河狸	b
marmot	土拨鼠	m
ferret	雪貂	f
bear	熊	b
rabbit	兔子	r
hare	野兔	h
rat	鼠	r
chinchilla	南美栗鼠	c
mouse	家鼠	m
monkey	猴子	m
chimpanzee	黑猩猩	c
gorilla	大猩猩	g
orangutan	猩猩	o
anteater	食蚁兽	a
kangaroo	袋鼠	k
koala	考拉，树袋熊	k
bat	蝙蝠	b
whale	鲸	w
dolphin	海豚	d
seal	海豹	s
walrus	海象	w

高频考点4 学术类场景中的植物名称 Flora

tomato	番茄，西红柿	t
asparagus	芦笋	a
cucumber	黄瓜	c
aubergine/eggplant	茄子	a
bean	豆	b
beet/beetroot	甜菜	b
pepper	胡椒（粉）	p
pimiento	甜椒	p
potato	马铃薯	p
carrot	胡萝卜	c
cauliflower	菜花，花椰菜	c
pumpkin	南瓜	p
broad bean	蚕豆	b
cabbage	圆白菜，卷心菜	c
chilli	辣椒	c
garlic	蒜	g
chive	细香葱	c
fennel	茴香	f
cos lettuce	莴苣	c
marrow	西葫芦	m
melon	香瓜，甜瓜	m
mushroom	蘑菇	m
celery	芹菜	c
onion	洋葱	o
leek	韭菜	l
radish	小萝卜	r
tarragon	龙蒿	t
thyme	百里香	t
artichoke	洋蓟	a

broccoli/brocoli	花椰菜，西兰花	b
brussels sprout	球芽甘蓝	b
caper	刺山柑，老鼠瓜	c
cardoon	刺棘蓟	c
chervil	雪维菜，细叶芹	c
chick-pea	鹰嘴豆	c
chicory	菊苣	c
cress	水芹	c
cumin/cummin	孜然芹，枯茗	c
dandelion	蒲公英	d
French bean	法国菜豆	F
gherkin	嫩黄瓜	g
horseradish	山葵，辣根	h
Jerusalem artichoke	洋姜，鬼子姜	J
kale	羽衣甘蓝	k
kohlrabi	甘蓝，大头菜	k
laurel	月桂	l
lentil	扁豆	l
lettuce	生菜，莴苣	l
lupin/ lupine	羽扇豆	l
parsley	西芹	p
parsnip	欧洲防风草	p
pea	豌豆	p
rhubarb	大黄	r
salsify	婆罗门参	s
sorrel	酸模，掌叶大黄	s
truffle	块菌	t
turnip	芜菁	t
watercress	豆瓣菜	w

补 充

wild animal	野生动物	w
reptile animal	爬行动物	r
amphibian	两栖动物	a
aquatic	水生动物	a
coelenterate	腔肠动物	c
endangered species	濒危物种	e
form-changing animal	变形动物	f
cold-blooded animal	冷血动物	c
warm-blooded animal	温血动物	w
invertebrate	无脊椎动物	i
spineless	无脊椎的	s
vertebrate	脊椎动物	v
mammal	哺乳动物	m
mollusk	软体动物	m
plankton	浮游生物	p
poultry	家禽	p
specimen	标本	s
carnivore	食肉动物	c
carnivorous	食肉的	c
herbivore	食草动物	h
herbivorous	食草的	h
omnivorous	杂食动物	o
predatory	捕食的	p
primate	灵长动物	p
animal adaptation	动物适应性	a
animal cognition	动物认知能力	a
bacteria	细菌	b

beast	野兽	b
creature	生物	c
rear	饲养，养育	r
breed	饲养；繁殖	b
feed	喂养	f
baboon	狒狒	b
chipmunk	花栗鼠	c
ecosystem	生态系统	e
reproductive system	生殖系统	r
respiratory system	呼吸系统	r
greasy	油腻的	g
broadleaf	阔叶树	b
chlorophyll	叶绿素	c
cross breed	杂交品种	c
evergreen plant	常青植物	e
fern	蕨类植物	f
fungus	菌类植物	f
marsh plant	沼泽植物	m
aquatic plant	水生植物	a
tropical plant	热带植物	t
tropical forest	热带雨林	t
tundra plant	苔原植物	t
botany	植物学	b
botanical	植物(学)的	b
antibody	抗体	a
antibiotics	抗生素	a
carbohydrate	碳水化合物	c
one-celled	单细胞的	o
aquaculture	水产业	a

conservatory	温室，暖房	c
irrigation	灌溉，浇灌	i
plantation	植物园	p
antarctic	南极的	a
arctic	北极的	a
canyon	峡谷	c
cavern	洞穴	c
channel	海峡	c
canal	运河	c
crest	山顶；波峰	c
evaporate	蒸发	e
hemisphere	半球	h
horizon	地平线	h
latitude	纬线	l
longitude	经线	l
maritime	海洋的	m
nautical	与航海有关的	n
plain	平原	p
basin	盆地	b
mountain	高山	m
peak	山峰	p
summit	峰顶	s
range	山脉	r
volcano	火山	v
lava	岩浆	l
crater	火山口	c
sea floor	海床	s
terrestrial	陆地的	t
crust	地壳	c

glacial	冰河的	g
mantle	地幔	m
riverbed	河床	r
anthropologist	人类学家	a
archaeologist	考古学家	a
architect	建筑师	a
chronological	年代顺序的	c
fossil	化石	f
tribe	部落	t
aboriginal	土著的	a
primitive	原始的	p
blast	一阵（强风）	b
atmosphere	大气层	a
ambience	气氛	a
current	水流；气流	c
water wave	水波	w
heat wave	热浪	h
meteorology	气象学	m
meteorological	气象的	m
precipitation	降水量	p
vapor	水蒸气，蒸发	v
evaporation	蒸发	e
celestial	天体的	c
cluster	星团	c
solar	太阳的	s
dust	尘土	d
root	根部	r
sucker	从根部长出的新枝	s
spring up	生长，生出	s

give off gas	释放气体	g
parent plant	母体植物	p
reproduce	繁殖	r
tropical condition	热带条件	t
cool	凉爽的	c
shady	阴凉的	s

附录：提示词、答案与听力原文所用语言的替换

雅思听力测试的试卷是视觉信息，而考生听到的内容则是听觉信息。因此，听力原文与题目中的定位提示词以及需要填写的或需要选择的答案之间就有一定的配合方法和转述关系。本书详细提供了雅思听力测试中各种高频场景考点词汇，并进行了分类总结。考生掌握了这些场景词汇后，只要根据听力原文与题目中的定位提示词听出准确的答案信息，然后填写或在四个选项中选出与之表述一致的选项即可。也就是说，在听力测试中，如果在听力原文中听到与定位词相同意思的语言表述，这意味着可以大致确定答案位置了，因为考生一般不会在原文中听到题目中的定位词。选择题、搭配题、多项选择题及内容摘要题等题型既有可视的题干，又有可视的选项，考生只需根据题干和选项将答案选出来即可。在此情况下，试题势必要将题干以及答案选项进行语言的替换和转述，通过这样的方式增加题目的难度，以对考生能力进行全方位的测评。因此，学会识别关键词，擅于根据关键词锁定答案信息，并找与其意思一致的选项，是考生训练的重点。

征询意见		
impression 印象，感觉	➡	think about 感觉如何 feeling 感受
comment 评论，意见	➡	What... think about... 对...感受如何 How are you finding... 认为…如何
suggestion 建议	➡	What... advise 建议 improving area 改进的地方 Anything be done to... 做…以改进…
difficulties experienced 遇到的困难	➡	challenges met 遇到的挑战
problems 问题	➡	find it difficult to 发现做…有困难

评论价格

price is the lowest 价格最低	➡	even cheaper 甚至更便宜 cheapest 价格最低
good priced 合适的定价	➡	reasonable price 合适的定价 attractive price 有吸引力的价格 price is competitive 价格有竞争力 price is acceptable 价格是可接受的 affordable price 支付得起的价格
expensive 昂贵的	➡	can't afford 支付不起的 above price limit 超过限价的 can't reach 达不到的 beyond the reach 高不可及的
pay monthly 按月支付	➡	pay on monthly basis 按月支付

评论地点

far 较远的位置	➡	time-consuming 耗费时间的
near the university 在大学附近	➡	within walking distance 步行即可到达的距离 just... minutes' walk 走路几分钟就到的距离
hometown 家乡	➡	come from 来自于…
suburb 郊区	➡	rural area 郊区
type of property 房屋类型	➡	kind of house 房屋类型
venue 地点	➡	place 地点 site 地点 premise 地点
situated 位于	➡	located 位于
move out 搬离	➡	leave 搬离
depart 搬离	➡	leave 搬离

个人信息

accommodation 住宿地点	➡	Where are... living 在哪里居住 present living place 现在的居住地址
address 住址	➡	living place 住址
telephone 打电话	➡	reach at 联系到

cell-phone 手机	➡	mobile phone 手机
name of course 课程名称	➡	faculty 学科，系 department 系 major 专业，主修课程 You are studying... 你正在学习…

车辆与交通

parking regulation 停车规则	➡	parking rights 停车权 parking permit 停车许可证 parking sticker 停车许可证
sticker display 出示停车证	➡	attach the sticker 贴上停车证
on foot 步行	➡	within walking distance 走路即可到 live quit close 住得很近
coach 长途公共汽车	➡	public transportation 公共交通

租房

length 时间长度	➡	how long 多长时间
the frequency 频率	➡	how often 多久一次
length of lease 租赁期限	➡	rental period 租赁时长
quiet 安静的	➡	no noise 没有噪音 without much noise 没有噪音
not friendly 不友善的	➡	keep to themselves 不与人交往
single room 单人房	➡	live alone 自己住
triple room 三人房	➡	three room 三人房
double room 双人房	➡	shared room 合租房
single person 单身一人	➡	people living alone 独居的人
twin room 双人房间	➡	double room 双人房间 shared room 合租房
flat 公寓	➡	apartment 公寓
pay part of 支付一部分（费用）	➡	pay your proportion of 支付你那一部分（费用）

学习与学术

obtain 获得	➡	get 获得
enrollment 录取	➡	acceptance 录取 admission 录取
approach 方法	➡	method 方法 methodology 方法
originally 原先	➡	initially 原先，最初 previously 先前
sell the seats 卖出座位	➡	get profits 获得利润
every four weeks 每四个星期	➡	each month 每个月
focus 中心点	➡	topic 话题 title 标题
cope with 对付	➡	deal with 对付 tackle 处理

评论电影或剧本

comedy 喜剧	➡	anything makes... laugh 让人发笑的 funny punch lines 有意思的话语 jokes 玩笑
romance 爱情故事	➡	love story 爱情故事
wildlife 野生动物	➡	animals 动物
theatre 戏院	➡	theatrical 戏院的
happy 快乐的	➡	great 很棒的
interesting 有意思的	➡	fascinating 有吸引力的 attractive 有吸引力的
dull 枯燥无味的	➡	boring 乏味的

医生与健康

get eyes tested 做眼部检查	➡	see an oculist 看眼科医生
allergy 过敏症	➡	be allergic to 对…过敏
agree to meet again 相约再次见面	➡	make an appointment 预约

good for health 对健康有益	➡	nutritious 有营养的
health expert 健康专家	➡	dietitian 饮食专家 doctor 医生
sensible eating 合理的饮食	➡	balanced diet 均衡的饮食 right food 合理的食物
eat 吃	➡	intake 摄取
do not eat 不吃	➡	try to avoid 尽量不吃…
more painful 更痛苦的	➡	even worse 更糟糕的
queue up 排队	➡	line up 排队
dining room 食堂	➡	refectory 餐厅 canteen 餐厅

数字

30 minutes 30 分钟	➡	half an hour 半小时
250,000 25 万	➡	a quarter of million 25 万
45 minutes 45 分钟	➡	three quarters of an hour 45 分钟
25~31th 25 日到 31 日	➡	at the end of month 月底

作业

enroll 注册	➡	register 注册
study full time 全天学习	➡	study intensive 全天学习
outline 样张,说明	➡	prospectus 章程，简章
diploma 学位	➡	degree 学位
essay 论文	➡	dissertation 论文 thesis 论文 report 论文

课程与调查

mandatory course 必修课	➡	compulsory course 必修课
optional 选修课	➡	alternative 选修课

presentation 课堂展示	➡	demonstration 说明 speech delivering 课上演讲
provided 只要…	➡	as long as 只要… so long as 只要… unless 除非…
overcrowding 过于拥挤	➡	crowded 拥挤的
go up to 上升到	➡	climb up to 上升到
dead line 截止日期	➡	dateline 截止日期 time pressure 时间压力
subject 被调查者	➡	respondent 被调查者
give out 发(资料)	➡	hand out 发(资料)

旅游

be available at... 可以时	➡	not ready until 直到…才可以
cashier 出纳员	➡	teller 出纳员
lose your friend 与朋友走散	➡	get separate 与朋友走散
wing 配楼	➡	annex 翼楼
cold water 冰镇水	➡	chilled mineral water 冰镇矿物质水
eye-catching 显著的	➡	distinctive 优秀的
pass 通过	➡	go straight through 直走过
the availability of 有…	➡	whether there is… 是否有…
confirm 确定	➡	make sure 确定
non-residents 非居民	➡	foreign people 外国人 people from alien places 外国人
price list 价格表	➡	cost 花费
most nights 多数的晚上时间	➡	nearly every night 几乎每晚
overheads 成本	➡	expenditure 花费
preferably 宁可，宁愿	➡	...should be best …应该是最好的
type of transportation 交通工具种类	➡	vehicles 交通工具
open all day 全天开放	➡	open morning and afternoon 全天开放

per person 每人	➡	a head 每人
not open on Monday 周一不开放	➡	open every day except Monday 除周一外都开放
free entry 免费进入	➡	free charge 免费
price included 价格包含在内	➡	part of package 价格的一部分 no extra fee 无额外费用 no extra charge 无额外费用 free of charge 免费
price not included 价格不包含在内	➡	pay by the hour 按小时支付
cost to join 加入的费用	➡	enrolling fee 加入的费用
voluntary 志愿的	➡	volunteer 志愿者
computer down 计算机坏了	➡	does not work 不运作了
American 美国人	➡	from New York 来自纽约
local 当地的	➡	domestic 地方的 home 本地的 native 本地的
non-refundable 不能退款的	➡	can't get money back 不能退款
in advance 提前	➡	beforehand 提前

与学习有关

unemployed people 失业的人	➡	people out of job 失业的人
homesick 想家的	➡	miss family 想家
maximum of... 最多为…	➡	not up to... 不超过…
good choice 好的选择	➡	cheap but effective 便宜且有效用的
do not choose 不选择	➡	save your money 省下钱来 spend your money on other things 把钱花在其他地方
yearly 每年的	➡	annual 每年的 per year 每年
resit 补考	➡	test again 补考
dull 枯燥乏味的	➡	stuffy 乏味的

out on loan 书已借出	➡	already borrowed 书已借出 The book is out. 书已借出。
illness 疾病	➡	medical situation 生病的状态 compassionate situation 可怜的状态

教授的建议

helpful 有帮助的	➡	must study... 一定要学···
do not study... 不学···	➡	do not bother... 不用费心做···
useful 有用的	➡	valuable 有价值的
limited value 价值有限	➡	not much help 没多大帮助
conclusion 结论	➡	research result 研究结果
methodology 方法论	➡	how did... ···如何做的

学生间的讨论

uncooperative 不愿配合的	➡	unfriendly 不友好的
noisy neighbors 吵闹的邻居	➡	noisy environment 吵闹的环境
near the university 大学附近	➡	close to the university 靠近大学
the effect on... 对···的影响	➡	the influence on... 对···的影响
boring 没意思的	➡	lack of interest 没兴趣的
too long 时间太长	➡	time-consuming 耗时间的；费时的
too dangerous 太危险	➡	may get hurt 也许会受伤
too simple 太简单	➡	babyish 孩子气的 childish 孩子气的
too difficult 太难	➡	can't finish 无法完成
large scale 大范围的	➡	significant 明显的
lack support 缺乏支持	➡	no help 没有帮助
overseas 海外的	➡	exchange students 交换生
several 好几个	➡	plenty of others 许多
tent 帐篷	➡	canvas portable building 帆布制作的易携带的“居所”

stay healthy 保持健康	➡	maintain health 保持健康
least interest 最低兴趣	➡	not like 不喜欢
desire 渴望	➡	want 想要
poor use 很少使用	➡	under-used 很少使用 lack of use 很少使用
closed circuit TV 闭路电视	➡	surveillance 监控
whole West Europe 整个西欧	➡	only West Europe 只在西欧
along the coastline 沿着海岸线	➡	paralleled with... 平行于···
currents 水流	➡	strong rolls of water 水漩涡
totally transformed 完全改变了	➡	can't recognize 认不出来

课程

last 持续	➡	take 花费···时间
aim to 目标在于	➡	focus on 重点在于
clarity 清楚	➡	clearance 清晰性
interest in learning 学习的兴趣	➡	enthusiastic about learning 学习的激情
major part 主要部分	➡	key component 关键部分
use time 使用时间	➡	time management 时间管理
appropriate stuff 合适的材料	➡	right stuff 恰当的材料
feature 占重要地位	➡	focus 重点
at the beginning 从头开始	➡	from the basics 从基础起
self-esteem 自尊心	➡	self-respect 自尊心
not complete 没有完成	➡	fail to finish 没有完成
financial difficulties 财务困难	➡	no money 没有资金
cost of course 课程成本	➡	fee 费用
short-handed 缺乏人手的	➡	understaffed 缺乏人手的
few people respond 很少有人回复	➡	low respond rate 低回复率

校园活动

speak 讲话	➡	speech 演讲 address 演讲
coffee break 喝咖啡休息时间	➡	break time 休息时间
food 食物	➡	snack 零食
representative 代表	➡	delegate 代表 student leader 学生干部
reserve in advance 提前预订	➡	register beforehand 提前预订
consecutive 连续的	➡	successive 接连的 in a row 连续的